Echte Golfer
weinen nicht

Kurt W. Zimmermann

Echte Golfer
weinen nicht

Amüsantes von Fairway und Green

COPRESS

Bibliografische Information der Deutschen Nationalbibliothek
Die Deutsche Nationalbibliothek verzeichnet diese Publikation
in der Deutschen Nationalbibliografie; detaillierte bibliografische
Daten sind im Internet über http://dnb.d-nb.de abrufbar.

6. Auflage 2012

© 2007, 2009, 2010, 2011, 2012 Copress Verlag
in der Stiebner Verlag GmbH, München
Alle Rechte vorbehalten. Wiedergabe, auch auszugsweise,
nur mit ausdrücklicher Genehmigung des Verlags.
Gesamtherstellung: Stiebner, München
Printed in Germany
ISBN 978-3-7679-1021-8
www.copress.de

Inhaltsverzeichnis

Vorwort *oder* Golf ist eine ernste Sache

Es gibt mehr als 100 000 Bücher über Golf. Die Bücher heißen »Die Garantie für den erfolgreichen Schwung« oder »In 10 Schritten zum richtigen Griff« oder »Mit mentalem Training zum besseren Handicap«.

Den 100 000 Büchern ist gemeinsam, dass es sich um golferische Montageanleitungen handelt, um Schwungfibeln, Griffkompendien und Mentalratgeber. Sie sagen uns detailliert, wie man es richtig macht. Die Bücher sind darum voll mit hochtechnischen Ausdrücken. Sie sind voll von Schwungebenen, Treffmomenten, Ansprechpositionen und Gesamtbewegungsabläufen.

Weil Golf eine ernste Sache ist, gibt es dafür eine ganze Reihe von Ausdrücken, die in den 100 000 Büchern nur sehr selten vorkommen. Es sind Ausdrücke wie Spaß, Witz, Amüsement, Vergnügen und Ironie.

Das vorliegende Buch versucht, hier etwas Gegensteuer zu geben. Es ist eine Sammlung von Kolumnen, die in der Schweizer »Sonntags-Zeitung« und dem Wirtschaftsmagazin »Bilanz« erschienen sind. Die Kolumnen erzählen vom harten Leben des durchschnittlichen Allerweltsgolfers, und sie nehmen Golf nicht immer ganz ernst.

Das Buch ist für einen erfolgsorientierten Golfspieler darum vollkommen nutzlos. Es sorgt weder für einen erfolgreichen Schwung, noch für den richtigen Griff, noch für ein besseres Handicap.

Es sorgt allenfalls für eine bessere Laune. Nützlich ist das Buch deshalb nur für Golfspieler, die bei ihrem Sport vor allem Fun haben wollen und die sich auf dem Platz und im Klubhaus gerne amüsieren. Oder wie es eine alte Golferregel sagt: Golf ist der beste Spaß, den man in Kleidern haben kann.

Was hat Golf mit Sex zu tun?

Zwei Dinge auf dieser Welt führen zu Übermut
und hohem Adrenalinspiegel.

Es gibt eine Menge Witze über Blondinen. Meistens geht es darum, wie blöd Blondinen sind. Es gibt eine Menge von Witzen über Anwälte. Meistens geht es darum, wie schamlos Anwälte ihre Kunden ausnehmen. Es gibt auch eine Menge Witze über Golf. Meistens geht es um Sex.

Es ist schon bemerkenswert, wie oft es in Witzen und Anekdoten rund um Golf um das eine geht. Wir kennen sie ja alle, diese Pointen. Da ist jener, der sich mit einer tollen Golf-Lady auf und neben dem Green vergnügt, bis sich die Lady als Transvestit herausstellt, der/die Damenabschläge spielt. Da ist jener, bei dem einer mit einem Handtuch über dem Kopf nackt über den Golfkurs rennt und von einem Damen-Flight kenntnisreich identifiziert wird. Da ist jener über die Dame mit dem Schläger im Mund. Und so fort.

Als Hobby-Golfsoziologen fragen wir uns natürlich, warum das so ist. Man könnte nun wieder einmal auf die alte Einsicht verweisen, dass Golf und Sex die zwei einzigen Dinge sind, die auch dann Spaß machen, wenn man es nicht richtig kann. Man könnte darauf verweisen, dass viele Golfer schon etwas in die Jahre gekommen sind und man im Alter gerne von früheren Tätigkeiten erzählt.

Ich denke, es hat mit etwas anderem zu tun. Es hat zu tun mit diesem seltsamen Stimulans, den eine gute Golfrunde bietet. Es ist ja immer wieder auffällig, wie locker sich plötzlich der graue Bürohengst benimmt, kaum steht er auf dem Grün. Es ist immer wieder auffällig, wie beschwingt sich plötzlich die blaustrümpfige Gesellschaftsdame verhält, kaum hat sie den Fairway betreten. Er lacht laut, sie lacht laut. Er tänzelt herum, sie tänzelt herum. Golf verleitet zu Heitersinn, oft auch zu Übermut.

Das Stimulans Golf verändert, zumindest vorübergehend, die Seelenlage der Individuen. Ich habe auf dem Golfplatz oder im

Klubhaus schon wilde und vergnügliche Geschichten über berufliche Pleiten und Pannen zu hören bekommen. Ich habe wilde und vergnügliche Geschichten über Scheidungen und Affären zu hören bekommen. Die Geschichten haben mir häufig Leute erzählt, die ich ein paar Stunden vorher erst kennengelernt hatte. Sie erzählten seltsam beschwingt. Golf verführt dazu, die Hemmungen des Alltags zu verlieren. Man wird anders. Man wird übermütig, fast schon benebelt.

Golf kann euphorisierend sein. Und damit wären wir zurück beim Thema Sex. Eine Runde Golf kann sein wie ein flotter Flirt. Man ist in einem leichten Erregungszustand, der Puls ist höher als gewohnt, der Adrenalinspiegel ebenso. Man neigt zu Dummheiten, zu Verlust der Selbstkontrolle, zu Frohsinn und unbegründeter Heiterkeit.

Die Frage, was Golf mit Sex zu tun hat, können wir damit leicht beantworten. Es ist dasselbe.

Nicht-Golfer, die über solche Subtilitäten nicht im Bilde sind, treten ja gerne vor uns Golfer hin und intonieren feixend das einzige Bonmot, das sie von unserem Sport kennen. »Haben Sie noch Sex oder spielen Sie schon Golf?«

Ich erkläre ihnen dann immer, dass man nur dann ein richtig guter Golfspieler wird, wenn man sehr jung damit beginnt. Ein richtig guter Golfspieler könnte also von sich sagen: »Ich spiele schon Golf, habe aber noch keinen Sex.«

Selbstironisch ist der Mann

Gibt es etwas Peinlicheres, als wenn ein Golfer sagt, er habe gut gespielt?

Nach seinem Rücktritt war US-Präsident Gerald Ford mit seinem Golfspiel ziemlich zufrieden. »Mein Golf ist besser geworden«, sagte er, »ich treffe deutlich weniger Zuschauer als früher.«

Nach seinem Rücktritt war US-Präsident George Bush mit seinem Golfspiel weniger zufrieden. »Es ist schon erstaunlich«, sagte er, »wer mich beim Golf alles schlägt, seit ich nicht mehr Präsident bin.«

Ob man mit seinem Golf nun zufrieden oder mit seinem Golf weniger zufrieden ist, spielt keine Rolle. Entscheidend ist, wie man es sagt. Ein richtiger Golfer macht sich immer selbstironisch über sich selber lustig, egal, ob er nun gut oder schlecht gespielt hat. Golfer nehmen sich nicht ernst – wenn es richtige Golfer sind. In diesem Sinne sind unsere zwei US-Präsidenten artentypische Golfer.

Selbstironie gehört zu Golf wie die Fahne ins Loch gehört. Golf ist die einzige Outdoor-Aktivität auf diesem Planeten, bei der Selbstironie sozusagen Pflichtfach ist. Das unterscheidet Golf sichtbar von allen anderen Sportarten. Ich habe zum Beispiel noch nie einen Bundesliga-Fußballer gehört, der ironisch gesagt hätte: »Meine Elfmeter sind besser geworden, ich treffe den Schiedsrichter deutlich weniger als früher.« Nein, er sagt martialisch: »Ich mache die Dinger rein.«

Der Unterschied ist leicht zu erklären. Alle Golfer wissen, dass ihr Resultat nach 18 Loch stark vom Zufall und vom Glück abhängig ist. Der Ball bleibt fünf Zentimeter vor der Out-Linie liegen, oder nicht. Der Ball springt von einem Baum auf den Fairway zurück, oder nicht. Der Ball hoppelt vom Vorgrün direkt ins Loch, oder nicht. Man kann an zwei Tagen hintereinander genau gleich gut Golf spielen – an einem Tag schreibt man eine 80, am anderen Tag eine 88.

Die Leistung schlägt sich im Golf nie exakt im Resultat nieder. Einmal hat man den Zufall und das Glück auf seiner Seite. Einmal hat man den Zufall und das Glück gegen sich. In beiden Fällen zwingt dies dazu, sich selber auf den Arm zu nehmen. Man weiß, die Leistung im Golf ist immer relativ.

Ein Freund von mir läuft Marathon. Wenn er die 42 Kilometer unter dreieinhalb Stunden schafft und man ihm gratuliert, dann kann er zu Recht sagen: »Danke, heute habe ich wirklich eine gute Leistung gezeigt.« Zufall und Glück haben keine Rolle gespielt. Die Leistung im Marathon ist nicht relativ, sondern absolut.

Wenn man hingegen einem Golfer nach einer guten Runde gratuliert, dann ist es ziemlich peinlich, wenn er sagt: »Danke, heute habe ich wirklich eine gute Leistung gezeigt. «

Der richtige Golfer sagt nach einer guten Leistung: »Entschuldigung, es kommt nicht wieder vor.«

Die »Ich-fand-ihn«-Methode

Die meisten Golfspieler auf diesem Planeten müssen Italiener sein.

Es hatte mich zufällig in einen Flight mit zwei Engländern verschlagen. Man sagte »hello« und sie schlugen vor, dass jeder Spieler auf der Runde einen »italian caddie« bekomme. Ich war ratlos, und so erklärten sie es mir: Jeder Spieler darf pro 18 Loch einmal mit dem Fuß gegen den Ball treten, zum Beispiel, um ihn aus dem hohen Gras auf den Fairway zurückzukicken. Der Fußtritt ist straffrei.

Schöner Name, »italian caddie« und sehr passend. Ich spiele immer wieder in Italien, und ich wundere mich oft über die Fußballkünste, die mir dort auf den Golfplätzen vorgeführt werden. Da wird der Ball fast so oft mit der Schuhspitze wie mit dem Schläger getroffen. Wenn man sich wundert, ist die Antwort immer dieselbe: »Ma dai«, sagen sie, »du willst mein Freund sein, und du lässt mich trotzdem aus dieser schlechten Lage spielen.«

Die Engländer, klassische Gentleman-Sportler, halten sich an die Regeln. Wenn sie eine, oft skurrile, Ausnahme erlauben, etwa einen »italian caddie«, dann gilt diese Ausnahme für alle. Die Italiener halten sich nicht an die Regeln. Ich glaube, die meisten Golfer auf diesem Planeten sind Italiener.

Golf ist ja der einzige Sport, wo es bei Wettkämpfen keine Schiedsrichter gibt. Niemand von außen überwacht, ob die Regeln eingehalten werden. Selbst die Referees bei Profi-Turnieren sind keine Schiedsrichter im engeren Sinn, die mit dem Feldstecher die

Teilnehmer kontrollieren würden. Sie sind eher Auskunftspersonen, die etwa angefragt werden, ob ein Spieler den Ball droppen dürfe, weil er sonst auf einem TV-Kabel stehen müsste.

Ansonsten gibt es in allen Sportarten Schiedsrichter. Im Fußball rennen sie dem Ball hinterher, beim Tennis sitzen sie auf ihrem Stühlchen. Sogar beim Dart im Pub sind Referees dabei, selbst beim Ballonfahren sind die »Observer« unterwegs. Nur nicht im Golf. Das stellt in der Theorie hohe Ansprüche an die menschliche Integrität, in der Praxis fördert es eher andere Charakterzüge.

Als das Internetportal badgolfer.com eine Umfrage bei 10 000 Spielern durchführte, war das Resultat eindeutig. 7120 gaben zu, auf dem Platz zu betrügen. Das wären, wenn ich richtig rechne, 71,2 Prozent.

Die Greens sind also keine Greens, sondern ein Dschungel. Denn neben der Schiedsrichterfrage unterscheidet sich Golf in einem zweiten Punkt von allen anderen Sportarten. Man kann nirgendwo leichter mogeln als beim Golf. Versuchen Sie einmal, beim Weitsprung oder beim Rückenschwimmen zu betrügen. Das ist nicht ganz einfach. Je leichter eine Sportart ist, desto schwerer ist der Betrug.

Am beliebtesten, so zeigen Feldstudien und Fachliteratur, ist immer noch die »Ich-fand-ihn«-Methode. Ungefähr fünfzehn Meter vom Ort, an dem der Ball in den Wald eindrang, findet der glückliche Golfer plötzlich seinen Ball – mirakulös.

Ähnlich wundersam ist die Eigenheit von Golfbällen, in der Luft ihre Markennamen zu wechseln. Sie starten als saubere, weiße Titleist-Bälle und kommen 150 Meter weiter vorn als verschmutzte Callaways und Nikes im hohen Gras an.

An dritter Stelle der Rangliste steht die Fähigkeit des Golfers, seinen gefundenen Ball mit Händen, Golfsäcken, Ästen, Schlägern und Füssen heimlich in eine neue, komfortablere Lage zu bugsieren. Selbstverständlich gilt diese Vorgehensweise nur für den eigenen Ball. Findet man den Ball eines Gegners, dann stellt man sich drauf.

Kein Schiedsrichter sieht dabei zu. Ärgern wir uns aber nicht, sehen wir lieber die positiven Seiten. Als im deutschen Fußball die Affäre um den korrumpierten Robert Hoyzer hoch kochte, konnten wir Golfer uns wieder einmal selbstbewusst zurücklehnen. Golf, konnten wir uns sagen, ist eben doch ein sauberer Sport – bei uns gibt es keinen einzigen Fall von Schiedsrichterbestechung.

Flucht unter die Gürtellinie

*Warum Whisky und Männerwitze auf
dem Golfplatz Heimrecht haben.*

Um uns diesem Thema zu nähern, müssen wir mit einem dieser uralten Golfwitze starten. Also: Die Golferin verabschiedet sich am ersten Abschlag vom Golf-Pro, doch nach 20 Minuten ist sie schon wieder zurück. »Warum sind Sie so schnell zurück?« fragt der Pro. »Ich bin von einer Biene gestochen worden« sagt sie, »zwischen dem ersten und zweiten Loch«. Sagt der Pro: »Ich habe Ihnen schon immer gesagt, dass Ihr Stand zu breit ist.«

In Europa besteht die Golfpopulation aus zwei Drittel Männern und einem Drittel Frauen. Golf ist also kein reiner Männersport mehr wie Fliegenfischen, Snooker oder Fasanenjagd. Und schon kommen wir zum Problem.

Keine Angst, wir werden hier nicht dafür plädieren, dass man vor den Clubhouses wieder die alten Schilder montiert, auf denen bis weit ins 20. Jahrhundert stand: »No dogs and no women admitted.« Wir plädieren nicht gegen Frauen auf dem Golfplatz. Wir wollen nur aufzeigen, weshalb Golf nur dann richtig Spaß macht, wenn es als konsequente Männersportart betrieben wird.

Reden wir zuerst über die gesellschaftlichen Trends der letzten zwei Jahrzehnte. Sie brachten einen beispiellosen Vormarsch an politischer Korrektheit. Sexistische Witze sind verboten, will man im Betrieb kein Verfahren an den Hals. Saufen ist tabu, will man die Karriere nicht ruinieren. Rauchen ist im Büro und zunehmend in Restaurants verboten.

Es ist nicht mehr möglich, dass man in der Öffentlichkeit in einer grünkarierten Hose, mit einer dicken Zigarre und einem vollen Whiskyglas in der Hand sexistische Witze reißt.

Nun kann man sich fragen, wer denn überhaupt in einer grünkarierten Hose mit einer dicken Zigarre und einem Whiskyglas in der Hand sexistische Witze reißen will. Die Frage kann man moralisch oder pragmatisch beantworten. Moralisch betrachtet, wollen dies nur ewig gestrige Machotypen. Pragmatisch betrachtet, wollen das alle Männer von Zeit zu Zeit.

Darum sind Golfplätze zu den wichtigsten Refugien des politisch Unkorrekten geworden. Sie sind der einzige öffentliche Ort der Gegenwart, wo noch alles erlaubt ist. Besonders fällt mir dies auf, wenn ich gelegentlich in den USA spiele. Nirgendwo sonst sieht man darum so viele Männer in grünkarierten Hosen, die mit rauchenden Zigarren und Whiskyfahnen über die Fairways torkeln. Der Golfplatz ist der letzte Naturschutzpark der Zeitgeistverweigerung.

Tut mir leid, manchmal haben Männer einfach keine Lust auf Zeitgeist, aber umso mehr auf schlechten Geschmack. Also ziehen wir am Freitag in unseren grünkarierten Hosen zu viert über den Golfplatz, jeder eine dicke Cohiba im Gesicht und einen Flachmann mit Lagavulin im Bag und wir erzählen uns Witze von unterhalb der Gürtellinie.

Wir mögen ewig gestrige Machotypen sein und unter schlechtem Geschmack leiden, aber wir leiden nicht unter einem Mangel an Anstand. Wir würden uns niemals so aufführen, wenn Frauen in der Runde wären. Logische Folgerung: Wir möchten am Freitag keine Damen in der Runde. Am Samstag ziehen wir dann die schwarze Hose an, kaufen uns ein Mineralwasser, spielen mit unseren Frauen und unterhalten uns über die Theaterpremiere. Wir sind richtig sympathisch.

Nur damit Sie als Leser zum Schluss beruhigt sind: Der Witz, den ich eingangs zitiert habe, gehört auf unserer grünkarierten Freitagsrunde zur harmloseren Spezies. Wir haben auch weniger jugendfreie Exemplare im Repertoire.

Echte Golfer weinen nicht

Golf ist die einzige gesellschaftlich akzeptierte
Variante des dauernden Versagens.

Der 68-jährige Rentner Bob Siddle gewann in der englischen Lotterie 10 Millionen Pfund. Er brachte es anschließend zu lokaler Berühmtheit, weil er monatelang den Millionenscheck auf der Post nicht abholte. Von Montag bis Samstag sei er auf dem Golfplatz, erklärte Siddle, und zwar bei jedem Wetter, da sei keine Zeit für zweitrangige Nebengeschäfte.

Das wirklich Erstaunliche an Bob Siddle aber ist, dass er ein miserabler Golfer ist. In seinem Klub wären sie froh gewesen, hätte er den Scheck abgeholt und zumindest einen Tag lang das Gelände nicht umgepflügt. Dass er dennoch lieber Golf spielte, als reich zu werden, macht ihn artentypisch. Er erklärt die Phänomenologie des Golfers außerordentlich präzise.

Der Golfer zieht den Misserfolg auf dem Golfplatz dem Erfolgserlebnis außerhalb des Golfplatzes bei weitem vor.

Warum tut der Golfer dauernd Dinge, die er nachgewiesenermaßen nicht kann? Warum, so frage auch ich mich manchmal, warum nur verlasse ich am Nachmittag freiwillig meine klimatisierten Büros, verlasse meine Geschäfte, verlasse meine netten Sekretärinnen und meine Kaffeemaschine, um dann aus zehn Metern Entfernung den Ball – vor Zeugen! – peinlich-platschend in einem Entenweiher zu versenken?

Golf ist die einzige gesellschaftlich akzeptierte Spielform des permanenten Misserfolgs. Darum ist es auch so populär geworden. In einer Zeit, in der bereits die Unterschreitung des Vorjahresergebnisses um 0,25 Prozent für den Rausschmiss aus dem Unternehmen genügt, ist Golf für uns Leistungsträger ein letztes Refugium der Unschuld geworden. Hier kann man richtig entspannt versagen.

Am schönsten hat es noch immer Jack Nicklaus formuliert. Als ihn nach einem Turniersieg ein Reporter nach den Gründen seines Erfolges fragte, sagte er: »Ich scheiterte heute bloß ein bisschen weniger als die anderen.« Und in englischen Golfclubs hängen mitunter kleine Wandteppiche, auf denen die Worte eines unbekannten Golfphilosophen eingestickt sind: »Real golfers don't cry when they line up their fourth putt.«

Echte Golfer weinen nicht.

Sie weinen auch dann nicht, wenn sie sich zum vierten Putt aufstellen. Sie weinen nie. Sie wissen: Man kann auf dem Platz richtig entspannt versagen, man kann permanent versagen, und man versagt allein. Golf macht auch darum abhängig, weil es kein Pardon kennt. Es gibt keine externen Entschuldigungen für die eigene Schwäche. Es gibt keine unfairen Preisrichter wie im Paarlaufen und keine schlecht präparierten Skis wie beim Abfahrtslauf. Verantwortlich für alles, was geschieht, bin nur ich.

Man spielt nur gegen sich selbst. Alle Wunden sind Selbstverstümmelungen.

Das ist eine ebenso ungewohnte wie faszinierende Lebenssituation. Es versagt das alte christliche Grundprinzip der externen Schuldzuweisung. Die üblichen Sündenböcke taugen nichts; der Chef ist nicht schuld, die Gemahlin nicht, nicht der Teufel, nicht die Spielpartner, nicht der Wind und auch nicht der Ball.

Nun, der Ball manchmal eben doch. Der Mangel an objektiven Sündenböcken will noch lange nicht bedeuten, dass Golfer nicht von hohem Einfallsreichtum beseelt wären, wenn es darum geht, die besten Entschuldigungen für eine Fehlleistung zu finden.

Meine beste Erklärung für eine schlechte Runde ist im Klubhaus immer noch die: »Weißt du, nach meinem Hole-in-One am zweiten Loch konnte ich mich einfach nicht mehr richtig konzentrieren.«

Als ehrenwerter Gast eines ehrenwerten Mitglieds

Zu Besuch in den letzten Refugien des Golf-Snobismus

Herb Wakabayashi müsste jeder Bewohner eines Wintersportlandes eigentlich kennen. Herb Wakabayashi ist der größte Eishockeyspieler, den Japan je hervorgebracht hat. Bei den Olympischen Spielen in Lake Placid war er der Fahnenträger der japanischen Delegation. Dann begann er Golf zu spielen. Dann lernten wir uns kennen.

Nun stehen also Wakabayashi-San und Zimmermann-San am ersten Abschlag des Kasugai-Club bei Nagoya. Es ist ein schöner Golfplatz, das Clubhouse riesig und distinguiert, davor ein Karpfenteich, und für Nichtmitglieder strikt gesperrt. Spielen darf hier nur, wer von einem ehrenwerten Mitglied persönlich eingeladen und eingeführt wird.

Wakabayashi hat mir versprochen, mir die letzten Refugien des wahren Snobismus im Golfsport zu zeigen. Wer über wahren Golf-Snobismus schreiben will, der muss nach Japan.

Außerhalb Japans hat Golf ja seinen ehemalig-exklusiven Status längst verloren. Die sozialen Schranken sind gefallen, es spielen inzwischen allerorten der Baggerführer und die Friseuse. Jeder Amateurgolfer kann auf den besten Courses dieser Erde spielen, wenn er dafür zahlt. Geld hat Golf radikal demokratisiert, wenngleich die klassenlose Gesellschaft – auch dies ein Merkmal der fortgeschrittenen Demokratie – für das Individuum tüchtig ins Geld gehen kann. Eine einzelne Runde kostet in Golf-Dorados wie dem kalifornischen Pebble Beach pro Person 395 Dollar, im schottischen St. Andrews sind es 115 Pfund, im spanischen Valderrama 350 Euro – aber die Kreditkarte ebnet heute jedem den Weg auf die exklusivsten Fairways und Greens. Man kann überall spielen.

In Japan nicht. Hier ist das doch noch ein bisschen anders. In Japan gibt es noch diese Golf-Geheimlogen, wo auf privaten Plätzen nur die Auserwählten, also die Mitglieder und die auserwählten Gäste der auserwählten Mitglieder spielen. Wer sich hier als unbedarfter Tourist für eine Runde anmelden möchte, bekommt nur freundlich-japanisches Hohngelächter zu hören, wobei wir der Korrektheit halber sagen müssen, dass es häufig nicht einmal zum Hohngelächter kommt, weil sie an der Rezeption des Clubs sowieso kein Englisch verstehen.

Ich wollte also in einen dieser Golf-Tempel und wandte mich daher an meinen Bekannten Herb Wakabayashi. Ich benutzte, um ihn kooperativ zu stimmen, mein bestes japanisches Idiom. »Oh mächtiger Meister der gebogenen Eishockey-Kelle«, sagte ich, »könntest du nicht im blütenduftenden Morgentau, wenn im Wind das Schilf sich biegt, könntest du nicht dann eine edle Golfrunde organisieren, wobei es eine Golfrunde auf einem erwählten Platz sein müsste, denn dies ist der erlesene Wunsch des erhabenen Zimmermann-San.«

»Willst du mich auf den Arm nehmen?«, knurrte Herb. Aber ein paar Wochen später stehen wir auf dem Platz bei Nagoya.

Es ist ziemlich beeindruckend. Nachdem wir Blumenallee und Karpfenteich hinter uns haben, begrüßt uns der Empfangsmensch mit tiefer Verbeugung – »Welcome, Mistel Kult W. Zimmelmann« – und führt uns dann in die Umkleidezone. Mein Garderobekästchen hat die Ausmaße einer Einzimmerwohnung, und alles ist wohl sortiert da: Kamm aus Teakholz, Kleiderbügel aus Teakholz, Schuhlöffel aus Teakholz, Shampoo und Bademantel.

Das beste Stück aber steht unten auf dem geheizten Boden meiner Einzimmerwohnung. Sauber ausgerichtet, empfangen mich zwei rosarote Seidenpantöffelchen, in denen ich später die zehn Meter zur Teakholz gefassten Dusche watscheln werde, und auf den zwei Seidenpantöffelchen steht in japanischen Lettern der Name des Gastes: »Kult W. Zimmelmann«.

Auf dem Kurs sind wir dann fast allein, nur begleitet von den Mädchen, die als Caddies unsere Golftaschen transportieren. Das muss so sein. Auf den japanischen Privatplätzen nämlich laden die auserwählten Mitglieder jeweils ihre auserwählten Geschäftsfreunde ein – und sie tun es mit machohafter Präpotenz. Man muss unter sich sein und alles muss teuer sein, vom Restaurant bis zu Greenfee und Caddie-Fee. Man stelle sich vor, der Toyota-Finanzchef lädt den Mitsubishi-Marketingchef zum Golfen ein und das Greenfee kostet nur schlappe 400 Dollar – peinlich so was.

Nach neun Löchern heißt Golfkollege Wakabayashi die Mädchen stillzustehen. Wir biegen in Richtung des Clubrestaurants ab. Drei bis vier Gänge nach der Hälfte der Runde ist es in Japan Pflicht etwas zu sich zu nehmen: eine leichte Nudelsuppe zu Beginn vielleicht, dann etwas Fisch, dann etwas Beef und dazu Bier.

Bis zu 500 000 Dollar kostet immer noch eine Mitgliedschaft in den Top-Resorts wie dem Katayamazu Golf Club in Ishikawa oder dem Yomiuri bei Tokio. Zum Trost für Minderbemittelte sei angefügt: In den Achtzigerjahren, bevor Rezession und Börsenbaisse das Land nach unten rissen, waren die Aufnahmegebühren pro Kopf noch einiges höher. Damals kostete es 800 000 Dollar.

Dafür sind in der Jahresgebühr die Onsen inbegriffen. Onsen sind die luxuriösen japanischen Heißwasser-Quellen, die auf den Nobelplätzen eingebaut sind. Wenn man nach einer Runde Golf mit dem Glas in der Hand hier im Dampfe sitzt, dann begreift man automatisch, was Victor de Kowa mit seiner bis heute gültigen Snobismus-Definition meinte: »Snobismus ist die Fähigkeit, sich als Original zu fühlen, auch wenn man nur ein Kopie ist.«

Passt Lila zu Gelb?

Wer sich eine Golfhose kauft, muss wissen,
dass es um Grundsätzliches geht.

Diese Woche habe ich mir eine gelbe Golfhose gekauft. Na und? denken Sie jetzt, so toll ist das auch wieder nicht, dass man die gelbe Golfhose gleich zum Thema einer Golfgeschichte machen muss.

Langsam, ich gebe Ihnen zunächst zwei Zusatzinformationen. Erstens ist das Gelb meiner Golfhose derart unglaublich knallgelb, dass daneben selbst ein nagelneuer Briefkasten braun aussieht. Und zweitens ist die Hose von J. Lindeberg.

Damit wären wir beim Thema. Das Magazin »Men's Fitness« hat es kürzlich auch festgestellt: »Das Erstaunlichste an Golf«, so schrieb das Blatt, »ist die Veränderung der männlichen Uniform.«

An Stelle der biederen Outfits in Beige-, Braun- und Grautönen, die wir Männer seit 1648 beim Golfen tragen, tragen wir Männer neuerdings glatte, glänzende Stoffe in schreienden Farben. In meinem Proshop gibt es die Golfhosen nicht nur in Knallgelb, sondern auch noch in Knallhellgrün, Knallviolett, Knallorange, Knallrosa und Knalltürkis.

Die Shirts dazu sind meistens knallrot und knallweiß, mit knalllila Streifen und knallblauen Nähten. Zu den Farben der Mützen kommen wir noch.

Wir Männer holen damit die Frauen ein, die auf dem Platz schon immer als rosarote Panther und als grüne Giftzwerge unterwegs waren. Ausgelöst haben die Wende ein paar der weltbesten Golfprofis wie die Engländer Darren Clarke und Ian Poulter. Der erste und wichtigste Fashion-Golfer war der Schwede Jesper Parnevik, der schon in den Neunzigerjahren in schreiend gelber Hose und cyanfarbigem Pullover auftrat.

Parnevik wurde seit je ausstaffiert von J. Lindeberg, dem schwedischen Modelabel, das den bunten Massenmarkt salonfähig gemacht hat. Inzwischen haben natürlich auch die eher traditionellen Golfausrüster nachgezogen, die seit 1648 vornehmlich biedere Uniformen in Beige-, Braun- und Grautönen angeboten hatten.

Ich liebe den bunten Trend, weil er Golf noch stärker als zivilisatorische Exklave positioniert, als Nahkampfzone der Fröhlichkeit.

Genau das, so finde ich, muss Golf sein. Man sitzt beim Golfen nicht im Büro, man ist draußen in der Natur, zwischen grünen Greens und blauem Himmel, man hat Spaß mit Kollegen, man raucht eine Zigarre, man trinkt ein Glas oder zwei und man reißt dumme Witze. Da kann man sich im Outfit ja nicht farblich so präsentieren, als säße man im Geschäft und läse eine graue Excel-Tabelle.

Natürlich ist das Ganze nicht ohne Probleme. Neue Herausforderungen kommen auf uns zu. Ich überlege zum Beispiel gerade, ob zu meiner knallgelben Golfhose ein lila Poloshirt und eine orange Mütze am besten passen. Oder doch besser ein Shirt in Grasgrün und eine Mütze in Rosa? Oder doch eine Mütze in Mauve?

Ich schwanke noch, vielleicht frag ich meine Frau.

Par 114 737 und 3511 verlorene Bälle

Seit Maria Stuart sind Golfer in
Statistiken vernarrt.

Nehmen wir Bernhard Langer zum Beispiel. Seine Abschläge waren im Durchschnitt 255,2 Meter lang. Alle 153 Löcher gelang ihm ein Eagle. Pro Runde brauchte er 29,1 Putts. Bei 17,0 Prozent seiner Abschläge lag er rechts im Rough. Bei 11,8 Prozent seiner Abschläge lag er links im Rough.

Im Jahr zuvor waren hingegen 14,53 Prozent seiner Abschläge rechts im Rough und 12,33 seiner Abschläge links im Rough.

Im Sport gibt es Zählspiele und Wettkampfspiele. Zählspiele unterscheiden sich von Wettkampfspielen durch die Menge an Statistiken und Zahlen, die sie ausweisen können. Golf ist ein Zählspiel. Man weiß zum Beispiel sehr genau, wie viele Birdies pro Runde die zehn besten Golfspieler der Welt im letzten Jahr im Durchschnitt erzielten. Es waren 4,04.

Bei Wettkampfspielen, in denen sich Sportler im direkten Vergleich messen, gibt es wenige Statistiken. Man weiß zum Beispiel nicht, welche Durchschnittszeit die zehn besten 100-Meter-Läufer der Welt im Jahre 2006 erzielten. Man kennt die durchschnittliche Geschwindigkeit der zehn letzten Motorradweltmeister nicht.

Es gibt eine einfache Regel. Je direkter – also ohne vergleichende Zählsysteme – sich die Wettkampfsituation präsentiert, desto weniger Statistiken gibt es im Sport. Es gibt darum fast keine Zahlen über

Querfeldeinlauf, Formel 1 oder Rudern. Je indirekter – also über vergleichende Zählmethoden – sich im Sport die Wettkampfsituation präsentiert, desto mehr Statistiken gibt es folgerichtig. Es gibt darum Unmengen von Zahlen über Baseball und Tennis – und am meisten über Golf.

Die durchschnittliche Schuhgröße der Golf-Weltklasse zum Beispiel ist 44,5.

Wir könnten nun darüber philosophieren, warum wir Golfer so zahlenfixiert sind. Vermutlich hat es damit zu tun, dass uns das äußerliche Zahlengerüst auch eine innerliche Stütze ist. Wenn wir schon schlecht spielen, dann wissen wir wenigstens mathematisch exakt, warum.

Andere nennen diese Wesensart Masochismus.

Das Ganze kann aber auch vergnüglich sein, vor allem, wenn man durchnumeriert.

0. Null Cents verdiente Bobby Jones in seiner Golfkarriere. Er gewann viermal die US Open, 1930 holte er sich gar alle vier Major-Titel in einem Jahr und ging mit diesem Grand Slam in die Golfgeschichte ein. Dennoch blieb er sein ganzes Leben lang Amateur. Das freute die zweitklassierten Profis, die dann das Sieggeld bekamen. Mit 28 langweilte sich Bobby Jones und er zog sich vom Wettkampfgeschehen zurück.

1. Das Hole-in-One halte er für den schwierigsten Golfschlag, witzelte einmal Komiker Groucho Marx. Die Chancen, mit nur einem Schlag einzulochen, sind tatsächlich nicht sehr gut. Sie stehen 1:12750.

2. Zwei Kilo Pestizide braucht es für 1000 Quadratmeter Golffläche pro Jahr. Zum Vergleich: Für dieselbe Fläche an Sojabohnen braucht es 120 Gramm.

3. Drei Jahre alt war Jacky Paine aus Kalifornien als ihm mit seinem Snoopy-Driver ein Hole-in-one gelang. Er war der jüngste Kunstschütze aller Zeiten. Der älteste Hole-in-One-Held ist Elsie McLean. Sie war 102jährig, als ihr 2007 auf dem Kurs von Bidwell Park der Schlag der Schläge gelang. Es war ein Par drei über 91 Meter. Sie nahm den Driver.

4. Vier Tage, nachdem ihr Ehemann Lord Darnley im Jahr 1567 ermordet worden war, spielte Maria Stuart bereits wieder eine Runde Golf. Das wurde der total golfverrückten Königin von Schottland von ihren Untertanen ziemlich übel genommen. Nachdem später ruchbar wurde, dass Maria Stuart die Ermordung selber angeordnet hatte, war die golferisch abgekürzte Trauerzeit natürlich für jedermann nachvollziehbar.

5. Gleich fünf Hole-in-Ones auf einer einzigen Runde gelangen dem nordkoreanischen Diktator Kim Jong Il im Jahre 1994. Für die gesamten 18 Löcher des Platzes brauchte der »geliebte Führer des Volkes« nur 34 Schläge. Das schwört man jedenfalls im Golfklub von Pjöngjang, und die Propaganda-Abteilung veröffentlichte zur sensationellen Leistung ein Communiqué.

6. Sechs Patronen steckten stets in der Revolverkammer von Al Capone. Beim Golfen trug der Gangsterkönig den Revolver immer in der Hosentasche. Als er auf dem Platz von Bunhams Woods in der Nähe von Chicago spielte, löste sich ein Schuss und durchbohrte seinen Fuß. Auch eine Art Hole-in-One.

7. Handicap 7 spielte Bill Clinton am Ende seiner Amtsperiode. Er war der einzige US-Präsident, der es schaffte, während seiner Dienstzeit im Weißen Haus sein Handicap herunter zu spielen. Die Leistung ist umso höher zu bewerten, weil seine Affäre mit Monica Lewinsky zu unkonstantem Einlochen führte.

8. Acht, der Weltrekord an Golfbällen, die jemals aufeinander balanciert werden konnten.

9. Neun Länder gibt es in Europa, in denen es nur einen oder keinen Golfklub gibt: Rumänien, Mazedonien, Liechtenstein, Bosnien-Herzegowina, Moldawien, Island, Weißrussland, Albanien, Ukraine. Insgesamt gibt es in Europa 6300 Klubs. 1900 liegen in England.

10. Genau 10 Golfplätze zählt das größte Golfressort der Welt, der Mission Hills Club, 60 Kilometer von Hongkong entfernt. Die Plätze sind von Golfgrößen wie Ernie Els, Vijay Sing und Jack Nicklaus entworfen. Mission Hills zählt 5000 Mitarbeiter, 2400 Caddies und 1500 Golfcarts.

Und zum Schluss noch die höchste Golf-Zahl, die ich kenne. 114 737. 13 Monate war Floyd Satterlee unterwegs, als er in den Jahren 1963 und 1964 quer durch die Vereinigten Staaten spielte. Er startete am Pazifischen Ozean und kam genau 114 737 Schläge später an der Westküste an. Er verlor 3511 Bälle.

Darauf können Sie wetten

Im Golferleben gibt es drei Phasen.
In der dritten geht es um Geld.

In letzter Zeit habe ich viel in Thailand gespielt. Am liebsten mag ich den Phuket Country Club, ein klassischer Kolonialplatz, mit alten Bäumen und Fischteichen. Der einzige Nachteil ist, dass hier eine Runde Golf fünf bis sechs Stunden dauert.

Der Grund liegt darin, dass die Thais irgendwann aus China eingewandert sind. Wie alle Chinesen sind sie hemmungslos der Wettsucht verfallen. Im Phuket Country Club spielen sie das Loch um 1000 Baht. Beim Putten lassen sie sich darum mindestens fünf Minuten Zeit. 1000 Baht sind 20 Euro, aber 1000 Baht sind in Thailand viel Geld. Wer einen schlechten Tag hat, kann auf der Runde einen halben Monatslohn verlieren.

Wer während sechs Stunden um die Wette spielt, hat die dritte Stufe des Golferlebens erreicht. Das Golferleben besteht bekanntlich aus drei Phasen.

In der ersten Phase interessiert man sich beim Golf für Golf. Jeder Golfer kann sich an die Zeit erinnern, wo man auf der Driving Range wie ein Verrückter Bälle raushaut und selbst im strömenden Regen auf die Runde geht. Es geht um Golf.

In der zweiten Phase interessiert man sich beim Golf für das Handicap. Jeder Golfer kann sich an die Zeit erinnern, wo man jeden Monat zwei, drei Turniere spielt und auch auf einer normalen Freizeitrunde akribisch die Stableford-Punkte zählt. Es geht um das Resultat.

In der dritten Phase interessiert man sich beim Golf für das Drumherum. Das ist die Zeit, wo das Amüsement mit Freunden wichtiger ist als Golf und Handicap. »Social game« nennen es die Engländer. In dieser Phase spielt man nur noch Matchplays pro Loch und spielt nie ohne Einsatz, es muss ja nicht gleich ein halber Monatslohn sein. Es geht um Spaß.

Wenn gute Spieler in der Freizeit gegeneinander antreten, spielen sie praktisch immer um einen Einsatz. Rich Beem zum Beispiel, Sieger der PGA Championships, trainiert nur sehr ungern. Lieber spielt er pro Tag zweimal 18 Loch um tausend Dollar die Runde. Schlechte Spieler, sagt man, spielen zum Vergnügen. Gute um Geld.

Dass Golf besonderen Spaß macht wenn es um etwas geht, hat mit dem einzigartigen Handicap-System zu tun. Es ist logisch, dass es die Briten erfunden haben, ein Volk, das von Windhunden bis zum Wetter auf alles wettet. Sie haben auch Golf wetttauglich gemacht. Ein schlechter Spieler kann sich dank dem Korrektiv des Handicaps mit einem Könner messen, und beide haben eine exakte 50-Prozent-Siegeschance.

Das ist sehr britisch. Kein Wunder, dass Golf die einzige Sportart war, die Sir Winston Churchill (»no sports«) mit Begeisterung betrieb.

Der Unterschied zwischen Phuket und Europa ist nur der, dass unsere Golfklubs nur für die Golfer der Phase eins und zwei eingerichtet sind. Es gibt jede Menge Abschlagplätze auf den Driving Ranges und es gibt jede Menge Turniere im Jahresprogramm.

Der Golfer der Phase drei aber hat es schwer bei uns. Spaß ist in der kargen europäischen Golf-Infrastruktur nicht geplant. Im besten Fall steht an Loch 9 ein Mineralwasserautomat.

In Thailand hingegen orientiert man sich strikt am Golfer der Phase drei. An jedem zweiten Loch gibt es eine bediente Bar. Mathematisch betrachtet ist der Spaßfaktor damit leicht auszurechnen: Das macht neun Bier pro Runde und Mann. Der Verlierer bezahlt.

Es ist ja nur ein Spiel

Unser Rat an Golf spielende Frauen:
Kaufen Sie sich eine Tabakspfeife.

Vor kurzem habe ich mit Maurice Bembridge Golf gespielt. Wir spielten ein Turnier in den Alpen. Es regnete, wie häufig in den Alpen. Wir standen am Abschlag, alle in unseren sündhaft teuren Ashworth-Regenhosen und unseren sündhaft teuren Chervo-Regenjacken, die teuren Schirme aufgespannt. Wir warteten auf Maurice Bembridge.

Als Maurice Bembridge ankam, steckte in seinem Mund eine brennende Tabakspfeife. Er trug eine graue Flanellhose und einen alten, grünen Pullover. Vielleicht, scherzte er, sei der Pullover nach der Regenrunde halt zwei Kilogramm schwerer, auch egal.

Maurice Bembridge ist einer der feinsten Spieler, die England nach dem Krieg herausgebracht hat. In den sechziger und siebziger Jahren spielte er viermal im Ryder Cup. Er gewann dabei gegen US-Größen wie Chi Chi Rodriguez, gegen Jack Nicklaus spielte er unentschieden.

Wir spielten also zusammen, wir in unserem teuren Regenzeugs und Maurice Bembridge in seinem grünen Pullover, und es war eine der vergnüglichsten Runden Golf, die ich jemals gespielt habe. Wir lachten viel, und Maurice Bembridge erzählte ein bisschen von früher, etwa davon, wie er 1974 in Wentworth die PGA Championship gewann. Er bekam als Preisgeld 24 000 Pfund. Dreißig Jahre später lag die Preissumme für den Sieger desselben Turniers bei 600 000 Euro.

Er sei jetzt schon ein gutes Stück über sechzig, sagte Bembridge, aber er müsse schon noch Golfstunden geben, um die Miete bezahlen zu können. Bembridge erzählte also ein bisschen von früher und von heute und spielte dazu ganz locker zwei Bogeys, drei Birdies und dreizehn Pars. Er machte faule Sprüche, wenn wir den Ball in den Wald droschen und half uns dann, unsere Bälle im Gebüsch zu suchen. Das gab ihm Zeit, die Tabakpfeife neu anzuzünden.

Mir ist auf einer Golfrunde noch selten derart bewusst geworden, wie sehr sich Golf in den letzten 30 Jahren verändert hat. Das hat mit Geld und Pullovern zu tun und noch mehr mit dem »spirit of the game«, wie Bembridge sagen würde. Golf hat sich von einem Spiel zu einem Sport entwickelt. Viele Amateure führen sich mittlerweile so verbiestert auf, als ob sie kleine Tiger Woods wären.

Die kleinen Woods ahmen nach, was sie im Fernsehen bei den Profis gesehen haben. Erst konzentrieren sie sich lächerliche 30 Sekunden lang auf den Abschlag, und wenn dann der Abschlag logischerweise im hohen Gras landet, fluchen sie vor sich hin. Dann machen sie sechs lächerliche Probeschwünge, wie sie es im Fernsehen gesehen haben. Dann halten sie den Putter ausgestreckt vor sich hin, wie sie es im Fernsehen gesehen haben. Natürlich hauen sie nach den sechs Probeschwüngen in den Boden, und natürlich rollt der Ball nach dem Putt deutlich am Loch vorbei.

Ich denke, wir sollten nicht kleine Tiger Woods, sondern besser kleine Maurice Bembridges werden. Wir tun gut daran, unser Hobby wieder mehr in Richtung Spiel voranzubringen, mit mehr Spaß und weniger Ernst.

Den Männern unter uns empfehle ich dazu als Erstes den Kauf eines grünen Pullovers. Den Frauen den Kauf einer Tabakpfeife.

Für Sekunden Weltklasse

Besser als Boris Becker kann man nicht spielen,
besser als Tiger Woods schon.

Gestern auf dem Golfplatz war ich Weltklasse. Absolute Weltklasse. Absolute Weltklasse, um genau zu sein, war ich am 6. Loch. Da lag ich nach dem ersten Schlag etwa 130 Meter vor dem Green, ich griff zum Eisen sieben und schlug den Ball mit der mir eigenen Perfektion nach vorn. Er kam keine zehn Zentimeter neben der Fahne zu liegen. Zugegeben, auf den anderen 17 Löchern spielte ich etwas unter meinen Verhältnissen.

Golf ist ein Sport, bei dem jedem von Zeit zu Zeit ein großartiger Schlag gelingt. Jeder hat schon mal einen Chip vom Fairway aus eingelocht, einen Putt quer über das ganze Green versenkt oder an Loch 6 einen Approach aus 130 Metern keine 10 Zentimeter neben die Fahne gelegt.

Das unterscheidet Golf fundamental von den meisten anderen Sportarten. In anderen Sportarten gelingt einem durchschnittlichen Spieler nie eine Weltklasseleistung, selbst wenn es bloß eine sehr seltene Weltklasseleistung ist.

So wie ich ein mittelmäßiger Golfspieler bin, war ich ein mittelmäßiger Fußballspieler. Dritte Regionalliga. Als mittelmäßiger Fußballspieler war ich niemals fähig, wie David Beckham einen Freistoß aus 35 Metern ins Lattenkreuz zu schlenzen. So wie ich ein mittelmäßiger Golfspieler bin, war ich ein mittelmäßiger Tennisspieler. Vierte Regionalliga. Als mittelmäßiger Tennisspieler war ich niemals fähig, wie Boris Becker einen Aufschlag mit 210 Stundenkilometern ins Feld zu hauen.

Als mittelmäßigem Golfspieler aber gelingen mir mitunter Schläge, die von Tiger Woods sein könnten. Auch Tiger Woods könnte gelegentlich einen Putt aus 20 Metern nicht besser einlochen oder einen Approach aus 130 Metern nicht näher an die Fahne legen. Der Unterschied ist nur der, dass Tiger Woods auf einer Runde 50 Weltklasseschläge gelingen, uns Durchschnittsgolfern hingegen nur zwei oder drei. Aber das ist kein wichtiger Unterschied.

Jeder Golfspieler erzählt im Klubhaus mitunter von einem Weltklasseschlag, der ihm gelungen ist, zum Beispiel an Loch 6 aus 130 Metern. Ich glaube, hier liegt der entscheidende Antrieb, warum wir immer wieder auf diesen verfluchten Golfplatz hinausgehen, auch wenn wir dort so häufig frustriert werden. Wir gehen auf diesen verfluchten Golfplatz hinaus, weil wir einen kleinen Moment lang Tiger Woods sein können, nur einen kleinen Moment lang, aber immerhin.

Ein toller Schlag kann uns mit diesem Sport versöhnen. Ein bisschen Weltklasse, Weltklasse für Sekunden.

Verlieren mit Bedacht

Es ist nicht ganz einfach, vorsätzlich und unauffällig zu verlieren.

Wir spielten zu dritt, der Vorsitzende eines Konzerns, der Unternehmer und ich, der Consultant. Alle drei haben wir untereinander Geschäftsbeziehungen, vor allem der Vorsitzende zu uns zwei anderen. Der Vorsitzende verlor. Er hatte darum das Nachtessen zu übernehmen.

Als die Vorspeise kam, sagte er: »Warum zahle ich überhaupt? Ich bin ja euer Kunde – und einen guten Kunden wie mich hättet ihr eigentlich gewinnen lassen müssen.«

Wir haben dann diskutiert, ob man auf dem Golfplatz gegen einen Geschäftspartner freiwillig verliert, um ihn bei Laune zu halten. Im Falle unseres Vorsitzenden war die Antwort relativ einfach. Ein so verdammt guter Kunde, sagten wir ihm, sei er nun auch wieder nicht, dass wir wegen ihm den Ball absichtlich vorbeischieben würden.

Die Frage ist dennoch interessant. Interessant ist einmal, dass man im Golf problemlos vorsätzlich verlieren kann. Man muss den Ball bloß regelmäßig in den Wald dreschen und ins Wasser hauen. Das fällt nicht weiter auf, weil man beim Golf auch dann, wenn man nicht vorsätzlich verlieren will, den Ball regelmäßig in den Wald drischt und ins Wasser haut.

In anderen Sportarten ist das schwieriger. Es ist schwierig, fast unmöglich, als guter Skifahrer oder als guter Hockeyspieler plötzlich schlecht Ski zu fahren oder schlecht Hockey zu spielen. Man würde es merken.

In der Golfliteratur, etwa in den USA, gibt es eine lebhafte Diskussion, ob und wie man einen Geschäftspartner gewinnen lässt. Die pragmatischen Amerikaner haben sich dabei auf eine simple Regel verständigt: Man spielt selber so gut wie es geht. Aber man ist hart zu sich selbst. Man gibt sich selber zum Beispiel sofort zwei Strafschläge, wenn man im Hindernis auch nur das kleinste Gräschen mit dem Schläger versehentlich streift. Beim Gegner hingegen ist man generös. Man verzeiht ihm alles und man fragt ihn bloß am Schluss, wie viele Schläge er benötigt habe. Das notiert man dann diskussionslos auf seiner Scorecard.

Unser Kunde, der Konzernvorsitzende, wusste das nicht. Sonst hätte er das anders angepackt. Er wäre nach seinen diversen Ausflügen ins Gebüsch schließlich auf dem Green angekommen und hätte den Ball nach drei Putts endlich versenkt.

»Was hast du gespielt?«, hätten wir gefragt.

»Ein Birdie«, hätte er gesagt.

»Sehr gut«, hätten wir geantwortet und auf seiner Karte korrekt eine 3 notiert.

Meisterschaftsplätze sind bullshit

Peter Harradine ist der Ketzer unter den Golfarchitekten – aber dumm ist er nicht.

Wir treffen im Haghof bei Stuttgart also Peter Harradine, den berühmten englischen Golfarchitekten, und wir sagen, was man so sagt, wenn man einen englischen Golfarchitekten trifft.

»Good morning Mister Harradine, how do you do?«

»Rede mer doch lieber dütsch«, sagt Harradine.

Peter Harradine, der berühmte englische Golfarchitekt, so erfahren wir später, ist 1945 in Bern in der Schweiz geboren, daher sein Schwyzerdütsch, übersiedelte dann nach England und studierte in den USA. Seine Frau ist italienischsprachig. Heute lebt er in Dubai, wo seit 1976 der Sitz seines Unternehmens liegt.

Nun ist Peter Harradine nicht nur ein interessanter Typ, weil er ein internationaler Typ ist. Er ist auch einer der besten und eigenwilligsten Golfarchitekten. Seine Philosophie ist simpel und sie unterscheidet sich in vielen Punkten von jenen neuen, modernistischen Golfplatz-Designern, die sich eher als Modeschöpfer denn als

Landschaftsgärtner verstehen. Harradine ist im klassischen Sinne old fashioned.

Als Vorgeschmack listen wir ein paar Zitate von Peter Harradine rund um seine Golfplatz-Philosophie auf.

»Der normale Golfer ist 55 und spielt Handicap 55.«

»Bernhard Langer, Colin Montgomerie und Severiano Ballesteros als Golfplatzarchitekten? Vergessen Sie es.«

»Championship Courses sind bullshit.«

Nun kann Harradine mit Recht im klassischen Sinne old fashioned sein. Er stammt aus der einzigen Familie in unserem Sonnensystem, die nun schon in der dritten Generation Golfplätze baut. Schon der Großvater war anfangs des 20. Jahrhunderts im Geschäft, genauso der Vater, der legendäre Don Harradine. Peter gräbt seit 30 Jahren ebenso unermüdlich die Scholle zu Greens und Fairways um. Und auch sein Sohn studiert bereits Landschaftsarchitektur.

Über 200 Golfplätze in 25 Ländern hat die Harradine-Golf-Company mittlerweile gebaut, darunter so schöne Exemplare wie jene in Varese, Bad Ragaz, Hechingen-Hohenzollern, Seefeld, Korfu, St. Eurach, Strasbourg, Schaumburg, Lugano und Doha. Derzeit sind neun Projekte in Arbeit, in Ägypten, Russland, Marokko, in den arabischen Emiraten und im indischen Haidarabad.

Die Harradines haben sich dabei stets an dasselbe einfache Prinzip gehalten, quasi ihre Familienphilosophie. Was wollen Golfer? lautet die Frage. Die Antwort: Die Golfer wollen Spaß.

Was ist Spaß? Spaß ist, den Platz in 3 Stunden und 30 Minuten locker hinter sich zu bringen. Spaß ist, auf der Runde ein paar Pars zu spielen. Spaß ist, die eine oder andere Birdie-Chance zu bekommen und nur wenige Double Bogeys einzufangen. Spaß ist, regelmäßig den Fairway zu treffen und nur selten im Bunker zu landen.

Doch was passiert heutzutage da draußen auf den Plätzen, sagt Peter Harradine, was passiert da draußen auf all diesen neuen, famosen »Championship Courses« und »Signature Courses«, die 6800 Meter lang sind und die von ehemaligen Golfstars oder von famosen Course Designers hingepflanzt wurden?

Es passiert folgendes, sagt Harradine: Die normalen Golfer brauchen auf diesen Monsterplätzen für eine Runde 6 Stunden. Sie spielen die Par 4-Löcher in sieben oder acht Schlägen. Sie landen in versteckten Bunkern, Gräben und Wasserhindernissen. Und nach 6 Stunden sind sie frustriert.

In England und den USA hat Golf inzwischen den Höhepunkt überschritten. Es verlassen mehr Leute den Golfsport, als neue dazu stoßen. Der Grund, sagt Harradine, ist offenkundig. Auf diesen neuen, langen, schwierigen Plätzen ist der Spaß weg. »Die Leute haben es satt, sich 6 Stunden zu quälen«, sagt Harradine.

Für den Durchschnittsgolfer muss der Platz eher kurz sein, sagt Harradine, keine Par drei von 200 Metern und keine Par vier von 450 Metern. Fairways müssen breit sein, Bunker rar. Und es muss auch nicht immer eine Par 72-Anlage sein. Warum nicht ein Par 68-Platz, wenn er dafür Spaß macht?

Unrecht hat der Mann ja nicht, das müssen wir zugeben. Massengolf hat sich in den letzten Jahren von einem spaßigen Spiel immer mehr zu einem seriösen Sport entwickelt. Viele normale Golf-Amateure führen sich mittlerweile auf ihren 9-Loch-Kursen derart verbissen auf, als wären sie in Augusta und Kingsbarnes bei einem PGA-Turnier.

Die Golf-Amateure merken gar nicht, wie lächerlich sie sich dabei machen. Bei ihrem Handicap ist es sowieso reiner Zufall, wenn einmal ein längerer Putt fällt. Bei ihrem Handicap könnten sie auch mit Driving Range-Bällen spielen, es macht überhaupt keinen Unterschied. Oder wie Harradine sagt: Der normale Golfer ist 55, und spielt Handicap 55.

Der normale Golfer spielt normalerweise Handicap 55, auch wenn vielleicht 26.7 auf seiner Handicapkarte steht. Also baut Harradine am liebsten Plätze, auf denen der Golfer mit Handicap 26.7 auch 26.7 spielen kann.

500 000 Dollar bekommt Harradine pro Auftrag, er nimmt immer gleich viel. Jack Nicklaus verlangt pro Auftrag sogar 2 000 000 Dollar. Nicklaus, sagt Harradine, ist einer der wenigen ehemaligen Spitzenspieler, der etwas von Golfplatzarchitektur versteht.

Viele andere Alt-Profis und Neo-Architekten wie Colin Montgomerie, Severiano Ballesteros oder Bernhard Langer verstehen nichts davon. Sie haben an der Universität weder Landschaftsarchitektur studiert, wie Harradine dies tat, noch haben sie Zeit und Lust, sich um konkrete Projekte zu kümmern. Wenn sie einen Kurs bauen, sind sie mitunter nur zweimal vor Ort: bei der Akquisition des Auftrags und bei der Platzeinweihung.

Besonders lachhaft findet er es jeweils, wenn sich ein Golfklub damit schmückt, er wäre der erste Platz, den ein ehemaliger Topspieler erbaut habe. Harradines Frage dazu ist gut: »Würden Sie jemanden ein Hochhaus bauen lassen, wenn er ihnen sagt, er habe noch nie ein Hochhaus gebaut?«

Mit Freud auf dem Green

Explodierende Golfbälle und andere Scherzartikel haben tiefenpsychologische Ursachen.

Jahrzehntelang hat die Menschheit darauf gewartet, nun ist der Durchbruch endlich gelungen. Eine der größten Plagen auf unserer Erde ist besiegt.

Radargolf heißt das Ding, es kostet 350 Dollar und es macht »biiiip – biiiip – biiiip«. Das Gerät findet Golfbälle, die tief im Kraut und im Gebüsch liegen. In den Bällen, die beim Kauf mitgeliefert werden, ist ein kleiner Chip eingebaut, etwa in der Größe eines Plastik-Stecknadelkopfs. Radargolf steuert den Chip an, sendet Radiofrequenz-Signale aus, und der Ball ist rasch gefunden.

Für private Wettspiele wie Matchplays ist der Ballsucher zugelassen. In offiziellen Turnieren ist er noch verboten.

Die neue Suchmaschine ist nur einer der unzähligen Gadgets und Scherzartikel, die es im Golfsport gibt. Da gibt es etwa den Ball, den man einem Mitspieler leiht und der dann beim Schlag explodiert und nur eine riesige Staubwolke hinterlässt. Da gibt es den Ball, der jedes Mal nach dem Einlochen wieder aufs Green zurückhüpft. Da gibt es den Schläger, in dem ein Horn zum Warnen der anderen eingebaut ist. Da gibt es den Putter, der beim Schlag in mindestens drei Teile zerbricht. Und so weiter.

Diese Scherzdichte unterscheidet Golf fundamental von allen anderen Sportarten. Ich habe zum Beispiel noch nie von einem Fun-Fußball gehört, der beim ersten Kick wie ein Ballon zerplatzt. Es gibt auch keinen Jux-Tennisschläger, der bei Ballberührung in 20 Teile zerfällt.

Für diese Eigenheit des Golfs gibt es zwei Erklärungen, eine pragmatische und eine psychologische. Die pragmatische lautet: Golfer sind einfach Kindsköpfe.

Die psychologische ist etwas komplizierter und geht auf Sigmund Freud zurück. Laut Freud sind Witz und Scherz die Waffen der Unterdrückten, die ihre Not erst erträglich machen. Sie sind quasi der Schutzmechanismus der geschundenen Kreatur. Ich finde, der Ausdruck »geschundene Kreatur« paßt gut zu dem, was uns täglich auf dem Golfplatz widerfährt.

Die psychologische These eignet sich auch besser, um sie im Klubhaus zu erzählen. Während wir sie erzählen, reichen wir unsere Zigarren herum, auf deren Banderole ein kleiner Golfball prangt. Natürlich explodieren die herumgereichten Zigarren kurz nach dem Anzünden.

Das sind wir Sigmund Freud schuldig.

Saison für den Golferus vulgaris

Warum im Sommer alle Golfer außerordentlich wenig Golf spielen.

Wenn es auf den Winter zugeht, steht eines fest: Die Golfsaison beginnt. Die Spezies des Gemeinen Golfers (Golferus vulgaris) unterscheidet sich ja von anderen typischen Sommertieren in einem entscheidenden Punkt. Der Golferus vulgaris verhält sich völlig anders als etwa die Gemeine Strahlenmücke (Philia febrilis) oder die

Gemeine Schwebfliege (Eristalis pertinax). Für den Golferus vulgaris ist das Leben mit dem Ende des Sommers nicht zu Ende. Das Leben beginnt erst richtig.

Wir wären bei einem der seltsamsten Wesenszüge von uns Golfern angelangt, seiner saisonalen Inkonsistenz.

Im Sommer, wenn die Fairways zum Schwunge laden, ist der Golfer offenbar nicht recht bei der Sache. Ich habe jedenfalls noch nie einen Golfer getroffen, der mir gesagt hätte: »Diesen Sommer habe ich so viel Golf gespielt, ich bin richtig froh, dass die Saison zu Ende ist.«

Nein, ich treffe ausnahmslos nur Golfer, die mir sagen: »Ich habe noch nie so wenig Golf gespielt wie in diesem Jahr.« Warum sie so wenig gespielt haben, erklären sie mit einer ganzen Reihe von Gründen: Im Geschäft lief extrem viel. Im Geschäft lief extrem wenig. Das Wetter war zu schlecht. Das Wetter war zu gut. Die Katze war krank.

Also müssen die Golfer das im Sommer Versäumte im Winter dringend nachholen. Sie erzählen mir also, sie hätten noch nie so wenig gespielt wie diesen Sommer, deshalb würden sie nun nächsten Monat nach Südafrika zum Golfen fliegen. Oder nach Florida.

Golfer verhalten sich nicht saisonal. Darin unterscheiden sie sich von anderen Sportlern wie Skifahrern oder Pilzsammlern. Ich habe noch nie einen Skifahrer getroffen, der im Juli nach Portillo in Chile oder nach Bariloche in Argentinien geflogen ist, weil er zuvor in Kitzbühel und Davos nicht genug Talfahrten hinter sich gebracht hat. Und ich kenne auch keinen Pilzfreund, der im März in Neuseeland hinter den Röhrlingen her wäre.

Vermutlich sind die meisten Geschichten, wonach man dieses Jahr nicht richtig zum Golfen gekommen ist, eine Art vorauseilende Rechtfertigung. Man kann ja nicht gut zugeben, dass man den halben Sommer vergolfte und im Dezember schon wieder die Koffer packt.

Es gibt allerdings Golferes vulgares, bei denen der Nachholbedarf berechtigt ist. Zum Beispiel bei mir. Ich fliege nun nach Asien zum Golfen und dann zum Golfen nach Dubai. Denn ich habe noch nie so wenig Golf gespielt wie diesen Sommer. Meine Schwiegermutter war krank.

Am Anfang war der Swing

Wenn es für Golfer jemals eine Frau des Herzens gab, dann war es Babe.

Es gibt nur sehr wenige Sportarten, in denen Frauen und Männer direkt gegeneinander antreten. Immer sind es Disziplinen, bei denen ein Hilfsgerät den Kräfteunterschied der Geschlechter aufhebt. Im Pferdesport beispielsweise kämpfen Frauen gegen Männer, weil hier das Ross den größten Teil der Arbeit bestreitet. Im Automobilsport, etwa bei einer Rallye, ist es ebenso, weil hier der Motor den Job übernimmt.

Dem Ross und dem Autositz ist es egal, wer darauf sitzt.

Im Gewichtheben, Boxen oder Eishockey treten nie Frauen direkt gegen Männer an. Wo rohe Kräfte sinnlos walten, macht der Direktvergleich der Geschlechter keinen Sinn.

Golf ist ein Zwischending. Immer häufiger treten hier die Ladys in Turnieren gegen die Männer an. Die Schwedin Annika Sorenstam tut es gelegentlich, die Amerikanerin Michelle Wie tut es oft.

Es ist dies eine gute Gelegenheit, einmal über Babe Zaharias zu reden. Babe Zaharias war bei weitem die beste Golferin und die beste Sportlerin, die diese Welt je gesehen hat. Ein einziges Mal hat Gott bisher alle vorstellbaren physischen Talente in einer Person konzentriert. Er konzentrierte sie in Babe Zaharias, geboren 1911, dem größten Wunderkind, das jemals diesen Planeten betrat.

1932 qualifizierte sie sich zum Spaß für die Olympischen Spiele in Los Angeles. Sie siegte über 80 Meter Hürden und im Speerwurf. Auch im Hochsprung lag sie vorne, doch die Funktionäre setzten sie auf den zweiten Platz, weil ihnen ihr unweiblicher Kopf-voran-Stil nicht behagte. Neben Leichtathletik war sie absolute Spitze im

Golf, Basketball, Baseball, Tennis, Schwimmen, Schießen, Boxen, Volleyball, Handball, Bowling, Billard, Eisschnelllauf und Radrennen. Im Baseball spielte sie im Männerteam der Brooklyn Dodgers.

Im Golf war sie von einem anderen Stern. Sie war die erste Frau, die 1945 beim Los Angeles Open an einem Männer-Profiturnier den Cut überstand, sich also für die zwei Finaltage qualifizierte und ins Preisgeld spielte. Sie gewann 17 Topturniere wie das US Open in einer Reihe.

Sechsmal war sie in den USA zur Athletin des Jahres gewählt. 1956 gewann sie unter großen Schmerzen ihr letztes großes Golfturnier. Einige Wochen danach starb sie im Alter von 45 Jahren an Krebs.

Vielleicht ist es im Golf wie beim Pferdesport oder Rallye: Nicht die Kraft entscheidet, sondern etwas anderes, und darum können Frauen durchaus gegen Männer antreten. In diesem Fall ist dieses Etwas der Schwung.

Es gibt nur wenige Filmaufnahmen von ihr, aber man sieht, dass der Swing von Babe Zaharias unglaublich gewesen sein muss. Ihr Drive war 225 Meter lang, so lang wie der Abschlag der besten Männer zu ihrer Zeit. Sie war 1,65 Meter groß.

Sind noch Fragen, Golfkollegen?

Die Börsenrelevanz des Handicaps

Der verantwortungsvolle Manager geht auf den Golfplatz statt ins Büro.

Warum viele Topmanager so gute Golfspieler sind, ist einfach zu erklären. Es erklärt sich mit einem Sechs-Punkte-Programm.

1. Manager sind leistungswillig, wollen also ein tiefes Golf-Handicap. 2. Wer ein tiefes Golf-Handicap will, muss häufig auf den Golfplatz. 3. Wer häufig auf dem Golfplatz ist, ist weniger in der Firma. 4. Wer weniger in der Firma ist, hat ein schlechtes Gewissen.

5. Wer ein schlechtes Gewissen hat, hat dafür ein tiefes Golf-Handicap. 6. Wer ein tiefes Golf-Handicap hat, demonstriert Leistungswillen – zurück zu Punkt 1.

Eine ironische Formel für den Zusammenhang von Arbeitsleistung und Spielstärke sagt, das Handicap entspreche ziemlich exakt der Anzahl Stunden, die man pro Woche noch im Unternehmen verbringe. Das Maximum wäre also 36.

Aus betriebswirtschaftlicher Sicht gibt es nur zwei Möglichkeiten. Ist es für die Firma von Nachteil, wenn der Chef häufig auf dem Golfplatz ist? Ist es für die Firma von Vorteil, wenn der Chef häufig auf dem Golfplatz ist?

Die erste Antwort kommt aus den USA und ist für alle Golf spielenden Manager äußerst ermutigend. Die »New York Times« verglich die Golf-Handicaps amerikanischer Firmenchefs mit der Börsenperformance der jeweiligen Unternehmen. Die Korrelation war negativ: Je tiefer das Handicap des Firmenchefs, umso besser entwickelten sich das Unternehmensergebnis und der Börsenkurs seiner Firma.

Spitzenreiter wie Scott McNealy von Sun-Microsystems erreichten mit Handicap 0 schon fast professionelles Niveau. Auch Jack Welch, der legendäre Chef von General Electric, spielte selbst mit 65 noch ein Handicap von 3.

Wir können also die These wagen: Golfspieler sind bessere Manager.

Im deutschsprachigen Raum lässt sich die These ähnlich gut wie in den USA belegen. Eine beträchtliche Anzahl Unternehmen, die in ihrer Branche überdurchschnittliche Leistungen zeigten, werden von Golfspielern geführt. Otto Beisheim von Metro gehört genauso dazu wie Joe Ackermann von der Deutschen Bank, Wolfgang Reitzle von Linde und Marcel Ospel von der UBS.

Es ist also geradezu volkswirtschaftliche Pflicht, dass sich der Aufsichtsratsvorsitzende und der Vorstandsvorsitzende auf dem Golfplatz absetzen. Das garantiert einen hohen Börsenkurs und zufriedene Aktionäre. So sehen wir es als Makroökonomen.

Haben wir schon immer gesagt, lästert nun mikroökonomisch

das mittlere Kader. Wenn der Chef auf dem Golfplatz ist, kann er nicht überall reinreden, und der Laden läuft von alleine.

Der mittlere Kader hat ohnehin eine etwas andere Sichtweise über den Zusammenhang von Topmanagement und Golf. Wir wollen diese Sichtweise nicht verschweigen und eine kleine Analogie ausbreiten. Der besseren Verständlichkeit wegen ist die Schlusspointe in English gehalten.

Das Spiel für Arbeiter und Angestellte ist Fußball. Das Spiel für das mittlere Management ist Tennis. Das Spiel für Konzernchefs ist Golf. Merke: The higher you are, the smaller your balls are.

Testphasen für Sozialpräferenzen

Für Kontaktsuchende gibt es das Internet.
Für Golfer gibt es Golf.

Vor zwei Wochen spielte ich in Spanien eine Runde Golf und fand mich per Zufall in einem Zweier-Flight mit Jean-Claude Hamel wieder, dem legendären Präsidenten des französischen Fußballklubs FC Auxerre. Wir spielten und plauderten ein bisschen, und nach vier Stunden lud mich Hamel zum nächsten Spiel seines Teams nach Auxerre ein, begleitet von einer Runde Golf im Burgund und einer Flasche Burgunder im Burgund.

Letzte Woche brauchte ich einen Augenarzt. Ich schaute im Telefonbuch nach, ob es um die Büroecke eine Praxis gebe. Es gab eine, es war eine Augenärztin, ich bekam einen Termin, wir plauderten ein bisschen, und es stellte sich heraus, dass wir beide Golfer sind. Am nächsten Donnerstag spielen wir eine Runde zusammen.

So geht es oft. Ich denke, Golf ist auch darum so populär geworden, weil es eine Art permanenter Kontakthof für Erwachsene ist – allerdings mit einem entscheidenden Unterschied zu den anderen Kontakthöfen, in denen man neue Leute kennen lernt.

Man sitzt ja beim Firmenjubiläum, beim Fasching oder der Verleihung des Prix Sowieso auch etwa mit unbekannten Menschen vier Stunden beim Diner und smalltalkt sich über die Runden. Man sagt dann am Schluss, man müsse unbedingt wieder mal ein Bier zusammen trinken. Doch das Bier, man weiß es schon, wird für immer Schaum bleiben.

Wenn man beim Golf am Schluss zu jemandem sagt, man müsse unbedingt wieder mal eine Runde Golf zusammen spielen, dann tut man das oft auch.

Diese höhere Verbindlichkeit ist dadurch erklärbar, dass eine Runde Golf eine ideale Testphase für soziale Präferenzen ist. Man redet nicht nur zusammen, man erlebt auch die Körpersprache, sieht, wie andere mit Ärger umgehen und ob sie über sich selber lachen können. Nach vier Stunden beim Diner kennt man eine Neubekanntschaft kaum. Nach vier Stunden beim Golf weiß man exakt, ob es sich um einen Sympathieträger oder einen Idioten handelt.

Es gibt viele Manager und Personalverantwortliche die sagen, dass eine Runde Golf ein dreitägiges Assessment mit einer ganzen Reihe von Persönlichkeitstest übertrifft. Man sieht, wie der Partner sich in der Stunde der Not verhält, wie er im Überschwang reagiert, ob er verlieren kann und ob er gewinnen kann.

Nehmen wir an, einem Spielpartner läuft es schlecht. Da gibt es den Typen, der dauernd erklärt, dass er heute einen ganz speziell schlechten Tag habe und ansonsten viel besser spiele. Irgendwann sagt man dann: »Ich wusste gar nicht, dass Sie bis heute überhaupt schon mal Golf gespielt haben.« End of the story.

Und dann gibt es den, dem es schlecht läuft und der dann lachend sagt: »Wissen Sie, im Vergleich ist das heute noch gar nichts. Gestern zum Beispiel habe ich nur einmal wirklich voll getroffen – als ich beim Bunker auf einen Rechen getreten bin.« Mit so einem macht man gerne wieder auf eine Runde aus.

Schwitzen kann man in der Sauna

Golfer sind ein ökonomischer Segen,
weil sie ungern transpirieren.

Man kann Sportarten nach verschiedenen Kriterien ordnen: zum Beispiel nach Sommer- und Wintersportarten, zum Beispiel nach Team- oder Einzelwettbewerben. Ich halte eine andere Unterteilung für sinnvoller, weil alltagsnäher. Ich unterscheide zwischen Sportarten, bei denen man schwitzt, und Sportarten, bei denen man nicht schwitzt.

Sportarten, bei denen man schwitzt, sind oft bestimmt durch rohe Kräfte und geforderte Ausdauer – beispielsweise Boxen oder Marathonlauf. Sportarten, bei denen man nicht schwitzt, liegen näher bei Geschicklichkeitsspielen – Schach, Billard oder Pistolenschießen.

Golf liegt irgendwo dazwischen. Man schwitzt beim Golf, wenn man über die Runde von insgesamt zehn Kilometern flott ausschreitet und den Wagen ohne Hilfsmotor zügig zieht. Man schwitzt nicht beim Golf, wenn man es gemütlich nimmt, einen Caddie die Tasche tragen lässt und auf den 18 Loch zwei Zigarren raucht. Man kann sich entscheiden.

Nun wird es kaum überraschen, dass wir gestandene Golfer uns meist für das Anti-Transpirations-Programm entscheiden. Golfer schwitzen ungern. Wem dies eine allzu banale Aussage scheint, der sei über deren volkswirtschaftliche Tragweite informiert. Die Schwitz-Skepsis ist ein Erfolgsfaktor der Golfreise-Industrie, besonders im Winter.

Stark nässt der Mensch bei über 30 Grad. Den normalen Golfer zieht es im Hochsommer darum nicht nach Marokko oder Hongkong sondern nach Südengland und in die Alpen. Im Frühjahr und Herbst finden wir den normalen Golfer in Südafrika, an der Algarve und in der Tschechischen Republik. Im Winter ist der normale Golfer in Florida, Dubai, Australien und in Ägypten.

Der normale Golfer hat einen todsicheren Instinkt dafür, wo

sich zwischen 18 und 25 Grad einlochen lässt. Wenn er seinen Instinkt einmal verliert, lässt er ihn auf einem Reisebüro wieder animieren.

Der schwach-transpirierende Golfer ist somit das Rückgrat eines speziellen Frühjahrs-, Sommer-, Herbst- und Wintertourismus. Einige Länder haben das in ihrer Werbung sehr konsequent umgesetzt. Wenn in Portugal, Andalusien und in der Türkei die letzten Nassschwimmer die Küsten verlassen, ziehen schon am nächsten Tag die trockenen Golfer ein.

Und für die ganz harten Nicht-Schwitzer: Auch im milden Irland haben die Golfplätze das ganze Jahr über offen. Wir müssen sie im Dauerregen nur noch finden.

Quantenphysik für bessere Scores

Ben Hogan spielte mit seinen Holzschlägern besser als heutige Spitzengolfer.

Seit langem war er angekündigt, nun war es endlich soweit. Der NDMX kam in den Verkauf.

Der NDMX ist der erste Golfball, der mit Hilfe der Nanotechnologie hergestellt wird. Nanotechnologie, wie man weiß, hat mit Quantenphysik zu tun. Sie beschäftigt sich mit Molekularstrukturen, die in Nanometern gemessen werden, also in Milliardstel Metern.

Die Oberfläche des NDMX ist mit 432 Dimples bestückt und die sind mit winzigen Nanopartikeln beschichtet. Sie verändern die Rotation des Balles, indem der Nano-Ball ein höheres Trägheitsmoment entwickelt und dadurch weniger Spin annimmt. Unphysikalisch ausgedrückt: Die Dinger fliegen geradeaus, ein Slice oder ein Hook wird nahezu unmöglich. Der Ball, sagt die Herstellerfirma Nanodynamics, werde »den Golfsport revolutionieren«.

Schön, dass der technologische Fortschritt uns Golfern wieder einmal ein kleineres Problem abgenommen hat. Ab sofort fliegen alle Bälle nur noch geradeaus.

Solche Durchbrüche gab es schon zu allen Zeiten. Um 1810 kamen die Baffing Spoons auf den Markt, langnasige Holzdriver, die deutlich mehr Länge brachten. Gegen Mitte des 19. Jahrhunderts erschienen die ersten Eisen, die den heutigen Wedges vergleichbar waren. 1848 löste der Guttapercha-Ball aus Naturgummi den »Feathery« ab. 300 Jahre lang waren vorher die gepressten Federn in einer Lederhülle der übliche Ball gewesen. Anfang des 20. Jahrhunderts ersetzte das Tee den kleinen Sandhaufen, den man vorher am Abschlag aufgebaut hatte.

Golfer sind die technologiegläubigste Gruppe unter den Amateursportlern. Golfer haben zu allen Zeiten darauf gehofft, dass ihnen neu entwickeltes Gerät zu jener Leistungssteigerung verhilft, die sie selber nicht schaffen. Darum hat die Golfindustrie die größten Forschungs- und Entwicklungsabteilungen aller Breitensport-Segmente. Talentierte, junge Ingenieure werden von Firmen wie Cleveland oder Callaway direkt von der Universität abgeworben.

Es lohnt sich. Der Guttapercha-Ball war vor 150 Jahren genauso ein Bombengeschäft wie vor 10 Jahren die ersten Titanium-Driver.

Das Seltsame an der Geschichte ist nur, dass trotz des riesigen technologischen Fortschritts der persönliche Fortschritt meist winzig blieb. Die Scores von uns Alltagsgolfern sanken kaum. Mit ihren alten Holzschlägern und Kunststoffbällen spielten unsere Großväter an einem guten Tag den Platz auch fünf oder sechs über Par. Dass die Plätze vielleicht ein bisschen kürzer waren, spielt keine Rolle.

Und selbst bei den Profis ist es manchmal nicht viel anders. 1971 und 1972 zum Beispiel gewann Lee Trevino das British Open mit je 278 Schlägen. 30 Jahre später siegte Ernie Els mit genau demselben Resultat. Der legendäre Ben Hogan gewann mit seinen Holzdrivern und Stahlschlägern 1953 das Masters in Augusta mit 274 Schlägen. 52 Jahre später gewann Tiger Woods mit seinem High-Tech-Material von Nike. Woods brauchte zwei Schläge mehr.

Ein Nachtrag noch zum NDMX-Wunderding. Golfmagazine haben berichtet, der Ball, der nur gerade fliegen kann, sei bei einem

Test diesen Sommer seitwärts im Rough gelandet. Die Hersteller-firma dementierte empört.

Eigentlich ging es nur um einen Drink

Am leichtesten betrügen kann man beim
schwersten Sport dieser Welt.

Den peinlichsten Betrugsfall erlebten wir bei einem Golfturnier einer Großbank in der Schweiz. Einer der geladenen Geschäfts-partner schlug ab, ein Par 3, direkt in die Sonne. Es war ein guter Schlag, ziemlich gerade, und dennoch schien vorn der Ball wie vom Erdboden verschluckt. Niemand fand das Ding.

»Da liegt er ja!«, rief endlich doch noch der Geschäftspartner hinter dem Green, und das Spiel ging weiter. Es ging allerdings nur so lange weiter, bis der erste Mitspieler die Fahne aus dem Loch zog – denn im Loch lag ein Ball.

Da hatte also einer ein Hole-in-One geschafft, das höchste der Gefühle. Weil er dies nicht ahnte, und niemand seinen Ball auf Anhieb fand, hatte er heimlich einen zweiten Ball fallen gelassen Ein klarer Fall: Das Hole-in-One zählte nicht, der Mann wurde dis-qualifiziert.

82 Prozent der Manager, so zeigte eine Umfrage in den USA, bescheißen beim Golf. Sie zählen ihre Boden- und ihre Luftschläge nicht mit, sie rechnen den aus 80 Zentimetern verpassten Putt nicht mit, sie kicken ihre Bälle aus dem Rough ins geschnittene Gras und sie schubsen die Bälle ihrer Konkurrenten vom Gras in den Sand.

Und sie sagen alle, sie persönlich würden nur selten gegen die Regeln verstoßen, alle ihre Kollegen aber regelmäßig. Wir sehen das Vorurteil also bestätigt: Warum spielen all die Banker, Politiker und Topmanager so gerne Golf? Weil es der einzige Sport ist, den man auch mit Handschellen betreiben kann.

Golfspielen verführt darum zum Betrügen, weil in keiner ande-ren Sportart der Schwindel dermaßen leicht gemacht wird. Fußball,

Skispringen und selbst Kartenspielen finden unter steter Kontrolle von Mitspielern und Zuschauern statt. Golf jedoch spielt man auch in Turnieren häufig unbeobachtet. Man ist im Gelände allein und ohne Aufsicht unterwegs. So wird Regeltreue zur Charakterfrage.

Golf ist der schwerste Sport, den es auf dieser Erde gibt. Und es ist der Sport, bei dem es am leichtesten ist, zu betrügen.

Ich habe zum Beispiel kürzlich mit einem dieser famosen Unternehmensberater gespielt, die sich von »Financial Times« bis »Handelsblatt« immer dann zitieren lassen, wenn es um Fehlleistungen von Firmenchefs geht. Bei uns ging es nur um einen Drink, aber der Mann versuchte, allein auf den ersten zehn Löchern vier Punkte zu erschwindeln. »Entschuldigung, kann passieren«, sagte er jeweils, wenn man ihn auf seine verkürzte Zählweise aufmerksam machte.

Etwas später spielte ich mit einem Bauunternehmer, der in unserer Nähe wohnt. Wir kannten uns vorher nicht, es ging wieder nur um einen Drink, und nach einem tollen Schlag aus einem Wasserhindernis kam er auf mich zu und sagte: »Der Schlag war ok, aber ich habe den Boden vorher berührt. Sie müssen mir zwei Strafschläge notieren.«

Ich bin sicher, wenn in unserem Haus der nächste Umbau ansteht, bekommt der Mann den Auftrag.

Marienglaube und Heiligenstatuen

Schon der Heilige Benediktus brauchte gelegentlich ein neues Gerät.

Ob ich wisse, hat mich mein Sportarzt gefragt, wann er am meisten schwere Golfverletzungen zu kurieren habe. Ich vermutete, dass sei während der Hochsaison, also zwischen Mai und September.

»Nein«, sagte mein Arzt, »am meisten Verletzte habe ich zwischen Weihnachten und Neujahr.«

Zum Christfest nämlich bekommt der golfende Mitmensch diesen tollen neuen Driver für 850 Dollar oder diesen Satz famoser

Eisen für 2580 Euro geschenkt. Draußen ist es neun Grad unter Null, aber unser Beschenkter kann es kaum erwarten, es zuckt ihm schon am Morgen des Stephanstags in den Händen, er rast auf die Driving Range, holt kräftig aus, und dann, bei neun Grad unter Null – schrrrrrummmm.

Man braucht ja nicht die Börsenkurse der Golfunternehmen zu studieren, um auf eine charakterliche Besonderheit der golfenden Mitmenschen zu stoßen. Der golfende Mitmensch verschuldet sich lieber per Kleinkredit oder erhöht massiv die Hypothek, statt auf die neueste, metallisch schimmernde Versuchung aus dem Hause Taylor Made, Honma oder Callaway zu verzichten – und dies nicht nur zu Weihnachtszeit.

Golfen ist ein schwieriger Sport. Weil wir zu faul, zu bequem, zu untalentiert, zu dumm oder zu beschäftigt sind, lernen wir alle diesen Sport mehr schlecht als recht. Merkwürdigerweise aber fuchst uns unser Versagen auf dem Platz ungleich mehr als andere Formen unseres Versagens. Wir scheitern ja auch sonst in den meisten Lebenslagen, wir haben Übergewicht, wir sind miserable Liebhaber, wir können nicht singen, doch egal, anders als beim Golf stört uns diese kleine Unvollkommenheit nicht.

Wenn man nun etwas können möchte, von dem man weiß, dass man es nie richtig können wird, öffnet die Unvereinbarkeit zwischen Wunsch und Wirklichkeit automatisch die Tür zum Wunderglauben. Das wusste schon der Heilige Benediktus. Der Sünder, der ahnt, dass er nie vollkommen wird, greift in der Not zu Devotionalien wie Heiligenfiguren oder Marienstatuen. Wer weiß, so die Hoffnung des Sünders, vielleicht kann ein Stück Metall in Kreuzform das Wunder schaffen.

Wir Golfer sind in derselben Situation. Auch wir haben unsere Devotionalien, sie sind nicht in Kreuzform, sondern bestehen aus einem Stück Metall, an dem unten ein zweites Stück Metall angebracht ist. Sie heißen Taylor Made oder Honma oder Callaway. Die Devotionalien kosten ein Vermögen.

Aber wer weiß: Vielleicht können sie das Wunder schaffen. Man muss nur fest daran glauben.

Heruntergespielte Präsenz

Nur schlechte Golfer glauben,
dass man zum Golfen Talent brauche.

Der Mann ist Unternehmer, er golft, und der Mann hat eine spezielle Eigenart.

Seine spezielle Eigenart ist verbreitet. Er ist ein begeisterter Golfspieler, aber er kommt nur ganz, ganz selten zum Golfspielen. Sagt er jedenfalls. Wenn einer von uns mit ihm eine Runde dreht, verkündet er mit Sicherheit schon bei der Begrüßung: »Du, es ist sicher drei Monate her, dass ich das letzte Mal auf einem Golfplatz war.«

Wenn er eine Woche später wieder mit einem von uns zu einer Runde antritt, verkündet er schon zur Begrüßung: »Du, es ist sicher vier Monate her, dass ich das letzte Mal auf einem Golfplatz war.«

Erwischt haben wir ihn im letzten Sommer. Da wurde er vor einem Turnier auf einer Proberunde mit einem südländischen Typen gesehen. Der südländische Typ entpuppte sich erst als spanischer Golf-Profi und dann als der persönliche Trainer unseres Unternehmers. Er gestand, regelmäßig in unsere Stadt zu jetten, um mit unserem Golffreund zu trainieren. Dazwischen flog unser Golffreund heimlich zu ihm nach Spanien.

Ein seltsames Gebaren, aber es gehört tatsächlich zu den speziellen Eigenheiten vieler Golfer, dass sie ihre Präsenz auf dem Golfplatz und der Driving Range permanent herunterspielen. Viele Golfer sagen, sie spielten kaum je Golf – obwohl sie dauernd spielen. Der Tennisspieler, der dreimal in der Woche übt, sagt seinen Tenniskollegen ohne Probleme, dass er fünfmal in der Woche übt. Der Golfspieler, der dreimal die Woche auf dem Platz steht, weiß nichts davon.

Ich denke, es hat damit zu tun, dass Golf die komplexeste Sportart auf diesem Planeten ist. Der mittelmäßig begabte Hobby-Tennisspieler, der dreimal die Woche spielt, trifft irgendwann den Ball einigermaßen korrekt, und zwar regelmäßig. Der ambitionierte Hobby-Golfer, der dreimal die Woche spielt, hat gute Chancen, den

Ball weiterhin im nächsten Waldstück oder in einem Weiher zu versenken, und zwar regelmäßig. Darum schweigt des Golfers Höflichkeit lieber über seine Frequenz auf dem Platz.

Es ist ein typisches Amateurphänomen. Je besser ein Golfer spielt, desto offener gesteht er ein, dass seine Leistung viel mit Fleiß und wenig mit Talent zu schaffen hat. Je schlechter ein Golfer spielt, desto mehr glaubt er, man müsse Talent für diese Sache haben.

Das Gegenteil ist wahr. Ich habe einmal mit Sven Strüver gespielt, dem Sieger des Dutch Open und des European Masters. Er erzählte mir, dass er an turnierfreien Tagen stets morgens um acht auf der Driving Range ankommt. Er schlägt, pitcht, chippt und puttet bis 12.00 Uhr. Dann ist bis 13.30 Uhr Mittagspause, er isst zu Hause mit seiner Frau und den Kindern. Dann wird auf der Range wieder bis 18.00 Uhr geschlagen, gepitcht, gechippt und geputtet. Jeden Tag.

Am nächsten Tag war Turnier. Ich schaute zu. Am dritten Loch drosch Strüver den Ball direkt in den Wald. Ich war erleichtert.

Balduin, der Trockengolfer

Eine Driving Range ist wie Schwimmen ohne Swimming Pool.

Letzte Woche war ich in Japan. Aha, denken Sie, jetzt erzählt er uns sicher von diesen verrückten, mehrstöckigen japanischen Driving Ranges.

Richtig, jetzt erzähle ich Ihnen von diesen verrückten, mehrstöckigen japanischen Driving Ranges. Japan zählt 20 Millionen Golfspieler. Das ist, hinter den USA mit ihren 30 Millionen, die zweitgrößte Golfnation der Welt. Von den golfenden Japanern aber haben nur acht Prozent die Chance, jemals einen richtigen Golfplatz zu betreten. Alle anderen spielen zeitlebens nur auf dem Übungsplatz.

Es gab mal einen Film von Louis de Funès, der hieß »Balduin der Trockenschwimmer«. 18,4 Millionen Japaner sind Trockengolfer, sie spielen Golf ohne dessen finalen Zweck, den Ball über einen natürlichen Rasen zu bewegen und ihn in einem Loch in einem natürlichen Rasen zu versenken. Sie schlagen 50 Jahre lang Bälle von einer Plastikmatte ins Niemandsland.

Allein in Tokio gibt es 640 Driving Ranges, in ganz Japan sind es 11 000 solcher Trainingsplätze. Manche sind winzig, etwa auf Hausdächern, wo man direkt in ein Netz schlägt, andere sind riesig, vierstöckige Arenen mit Hunderten von Plätzen. Und weil es in Japan nur 11 000 Ranges gibt, sind die Anlagen oft überlastet. Dann stehen die Japaner geduldig bis zwei Stunden an, bis eine Box frei wird.

Das Irrste an der ganzen Geschichte ist, wie seriös die Trockengolfer ihren Sport nehmen. Alle haben sie ein eigenes Set, oft Schläger, die individuell auf die Körpermaße abgestimmt sind und die sie in Golf-Shops regelmäßig durch noch besseres Material ersetzen. Auf der Driving Range erscheinen alle im Outfit vom Feinsten, in teuersten Markenartikeln von Mützen bis zu den Golfschuhen.

Wenn wir das auf europäische Verhältnisse übertragen, sieht das etwa so aus: zehn Millionen Deutsche, zwei Millionen Schweizer und drei Millionen Österreicher kaufen sich alle zwei Jahre eine komplette, neue Skiausrüstung. Dann stellen sie sich mit den Skis an den Füßen im Schneegestöber auf den Küchenbalkon und bleiben fünf Stunden lang in der Hocke.

Für uns Golfer zeigt die Geschichte, was wir schon immer wussten: Golf ist ein technisch dermaßen anspruchsvoller Sport, dass es schon Freude macht, einen Ball richtig gut zu treffen und dann seinem Flug stolz hinterher zu schauen. Das geht auch ohne Golfplatz.

Für Nichtgolfer zeigt diese Geschichte vermutlich auch etwas, was sie schon lange wussten: Diese Golfer haben einen Knall.

Der Pygmalion-Effekt

Anders als in der Antike werden heutige
Golf-Anfänger nicht vom Wahn erlöst.

In den USA hieß die TV-Show »Fear Factor«, RTL adaptierte sie dann für den deutschsprachigen Raum. Der Angstfaktor lag beispielsweise darin, dass Vegetarier den Saft gestanzter Regenwürmer trinken mussten, und Höhenangst-Patienten stundenlang auf Fahnenmaste gepflanzt wurden.

So etwas kann einen Golfer nicht erschüttern.

So etwas konnte einen Golfer noch nie erschüttern. Schon Winston Churchill beschrieb den Sport äußerst präzis: »Golf ist ein Spiel, bei dem man einen zu kleinen Ball in ein zu kleines Loch schlagen muss und das mit Geräten, die für diesen Zweck denkbar ungeeignet sind. «

Der Fear Factor ist damit der gewohnte Begleiter des Golfers. Es kann immer etwas schief gehen. Besonders Anfänger leiden dann unter Symptomen wie Beklemmung, Stress und Panik, wenn sie sich schon nur dem ersten Abschlag nähern – wobei die Ausdrücke Beklemmung, Nervosität, Stress und Panik die Realität beschönigen. Das treffende Wort wäre Horror.

Der Horror stammt daher, dass der Golf-Anfänger am ersten Loch steht, vor ihm ein breiter, ebener Fairway, nur links ein winziger Baum. Je näher der Abschlag rückt, umso überzeugter ist unser panischer Golfer, dass sein Ball mit Sicherheit an diesen Bonsai prallen wird. Dann holt er aus, und der Ball prallt gegen den Baum...

Ich erinnere mich gut an eines meiner ersten Turniere. Der Baum war in meinem Fall ein metallisch glänzender BMW 323, den der Sponsor beim neunten Loch postiert hatte. Das Resultat war dasselbe wie oben.

»Self-fullfilling prophecy« oder »Pygmalion-Effekt« nennen die Lernpsychologen diesen Mechanismus. Es ist der Mechanismus der sich selbst erfüllenden Prophezeiung. So wie der antike Bildhauer Pygmalion sich in die von ihm geschaffene Frauenstatue der Galatea verliebte, verstrickt sich auch der Golfer in eine Wahnvorstellung. Die Wahnvorstellung wird dann prompt Wirklichkeit.

Im Falle von Pygmalion hatte die Göttin Helena ein Einsehen und verwandelte die Statue in ein lebendiges Wesen. Im Falle des Golfspielers verwandelt sich nur der Kontostand, denn es wird ein neues Schlägerset gekauft.

Es gibt Diskussionsforen, auf der sich die Pygmalion-geschädigten Golfer treffen: Besonders witzig ist dabei das offene Forum bei badgolfer.com, auf dem die Schlechtgolfer-Gemeinde ihre bitteren Erfahrungen zum Thema austauscht.

So fragt etwa der leidgeprüfte Jim Meyer: »Warum ziehen Wasserhindernisse meine Bälle wie ein Magnet an?« Gut 500 Antworten und Tipps zur Abhilfe gehen ein. Das beste Mittel sei, schreibt einer zurück, den Ball vor dem Schlag über das Wasserhindernis gründlich und ausgiebig zu waschen. So gebe es für den Ball keinen Grund mehr, in die Nässe zu tauchen.

Das Schöne am Golfspielen ist: Es gibt für jedes Problem eine Lösung.

»He du, ich bin der Hansi«

Diese Duzerei auf dem Golfplatz scheint
irgendwie unlogisch.

Wenn ich am Fairway stehe, kommt es immer wieder vor. Von der Spielbahn gegenüber schreit einer lauthals herüber: »He du da, hast du meinen Ball gesehen?« Ich habe dann jeweils große Lust, zurükkzurufen: »Ich kenne weder Sie noch Ihren Ball persönlich!«

You ist You. Die Engländer und die Amerikaner kennen das Problem nicht. You ist You, es gibt kein Du und kein Sie. Die Beziehung ist nur aus dem Inhalt der Gespräche abzuleiten, sie ist nicht durch eine grammatikalische Form vorgespurt. Man hört allenfalls am Tonfall, ob das You etwas näher am freundschaftlichen Du oder näher am distanzierten Sie angesiedelt ist.

Es gibt ausgesprochene Du-Kulturen, Ikea-Biotope sozusagen, etwa im Baugewerbe oder unter Lastwagenfahrern. Eine Du-Welle in den Unternehmen löste nach 1995 die New Economy aus, wo all diese Internet-Berufsjugendlichen ihre Chefs ungefragt duzten. Die Chefs zahlten es ihnen nach dem Zusammenbruch der Internet-Blase aber ein paar Jahre später zurück. »Mike, du bist entlassen. Klaus, du bist auch entlassen. Und du auch, Susanne.«

Ein Du-Reservat ist seltsamerweise auch der Golfplatz. Dabei widerspricht das Duzen hier in doppelter Hinsicht der Theorie. Nur in proletarischen Umgebungen, so sagt die Fachliteratur, wird generell geduzt. Golfplätze sind nicht gezwungenermaßen Territorien der Gleichmacherei.

Ebenso ungewöhnlich ist: Im Normalfall duzt man sich erst, nachdem man sich gut kennen gelernt hat. Beim Golfen ist es umgekehrt. Man duzt sich von Anbeginn an und lernt sich erst anschließend kennen.

Ich werde mit dem Alter immer konservativer, und so geht mir dieses dauernde Du-Du-Du-Stakkato auf dem Platz mitunter gehörig auf die Nerven. Ich habe mich deshalb bei den Regelexperten Yves-Cédric Ton-That (»Überleben auf dem Golfplatz«) und Brigitte Neff (»Golf-Knigge«) kundig gemacht und nach einer Abwehrmethode gesucht. Sie sagen, ich hätte mit einer Verweigerungsstrategie keine Chance.

Wenn einer mich gleich zu Beginn mit »He du, ich bin der Hansi« begrüßt, ist alles andere als ein Gegen-Du ein Affront. Das Gleiche gilt für Zweier- und Dreierflights, die sich untereinander bereits duzen. Hier kann ich als neu dazu stoßender Externer nicht eine Sie-Ausnahme machen.

Eine Chance, das Du zu vermeiden, gibt es nur, wenn sich ein Mitspieler klassisch vorstellt. »Freut mich, ich heiße Heinrich Huber.« Hier, so die Regelexperten, darf ich die Frage etwa bis zum fünften Loch diplomatisch offen lassen. Wenn es sich bei Freund Heinrich um einen echt unsympathischen Zeitgenossen handelt, kann ich dann bis zum 18. Loch beim Sie bleiben. Sonst schwenke ich um zum Du.

In Deutschland ist es unter Geschäftspartnern mitunter üblich, sich auf dem Golfkurs zu duzen, im Klubhaus weiter zu duzen, und dann auf dem Parkplatz wieder zum Sie zurückzukehren. Das ist auch eher skurril. In Österreich und der Schweiz ist es anders. Hier ist ein Du ein Du und gilt dann ein Leben lang. Selbst Angela Merkel kann hier nach einer Golfpartie nicht zum Sie zurück – aber ich glaube, die spielt noch nicht Golf.

Von einem auf dem Platz, das muss ich allerdings gestehen, würde ich mich gerne duzen lassen. Doch der, von dem ich gerne geduzt würde, sagt immer noch Sie zu mir. Mein Golf-Pro duzt prinzipiell nur Single-Handicapper.

Das Ideal von Karl Marx

Je proletarischer der Sport, desto
arroganter die Sportler.

Das letzte Pro-Am spielte ich mit dem Spanier Sergio Garcia. Vier Tage danach wurde Garcia Dritter im Turnier um 900 000 €.

Mein Gott, denken Sie nun, jetzt will uns dieser aufgeblasene Wicht Zimmermann weismachen, dass jeder, der mit ihm eine Runde spielt, kurz darauf automatisch auf einem Spitzenplatz eines der größten Golfturniere Europas landet. Falscher Verdacht, ich will Ihnen eine andere Geschichte erzählen.

Ich hatte also das Glück, mit Garcia den Schläger zu schwingen, mit einem der größten Golfer der Gegenwart. Garcia lachte zwar dezent, wenn meine Bälle ins Gebüsch segelten – sonst aber war es eine fröhliche Runde. Wir erzählten uns ein paar Golf-Anekdoten und plauderten über Wein und Geld und Familie.

Nur über die Freundinnen von Garcia plauderten wir nicht. Ich getraute mich nicht, nach Martina Hingis und Morgan-Leigh Norman zu fragen.

Wir amüsierten uns nicht allein. Auf den Fairways nahmen die Zuschauer die Gelegenheit wahr, sich den Meistern ihres Sports auf

Kurzdistanz zu nähern. Garcia etwa streute während seiner Runde immer mal einen Schwatz mit den Golf-Touristen ein und posierte für Souvenirbilder mit Vater, Mutter und Golferkind.

Interessant war der Gegensatz zu den ebenso gut bezahlten Spitzenfußballern. In Südtirol, wo ich immer im Juli Golfurlaub mache, rückt zu dieser Zeit jeweils das Fußballteam von Internazionale Mailand zum Sommertraining ein. Das Hotel, in dem die Inter-Stars logieren, wird dann durch einen doppelten Polizeikordon abgeriegelt. Wenn die Fußballer die zehn Meter von der Hoteltür zum Autobus zurücklegen, blicken sie verächtlich auf das Fußvolk nieder, das hinter dem Kordon vergeblich auf Autogramme hofft und verzweifelt mit ihren Karten winkt.

Jeder Sport hat die Stars, die er verdient. Der scheinbar volksnahe Fußball wird oft durch arrogante Wichtigtuer repräsentiert. Der scheinbar elitäre Golfsport ist oft durch lockere Sympathieträger vertreten.

Karl Marx würde heute nicht Fußball spielen, sondern Golf.

50 000mal und immer anders

Ein Tennisplatz ist immer 23,77 Meter auf 8,23 Meter groß. Golfer wundern sich.

Der Elfmeterpunkt im Fußball ist 10,9728 Meter von der Torlinie entfernt. Das sind genau 12 Yards. Das ist immer so und überall.

Ein Tennisplatz ist 23,77 Meter lang und 8,23 Meter breit, das ist immer so und überall.

Die Spielflächen von Fußball und Tennis sind nach geometrischen Kriterien gefasst. Es ist völlig egal, ob man in Kathmandu, Korfu oder Kingsbarns Tennis und Fußball spielt, man spielt immer auf 23,77 mal 8,23 Metern und der Elfmeterpunkt ist immer 10,9728 Meter weit weg.

Der Unterschied zwischen Kathmandu, Korfu und Kingsbarns ist allenfalls, dass man einmal auf Sand, einmal auf Hartplatz und einmal auf Gras antritt. Diese minimale Abwechslung ändert nichts daran: Ein Raumerlebnis, ein Naturerlebnis gar, geht Sportarten wie Tennis und Fußball völlig ab.

Fußball- und Tennisfelder sind überall gleich. Darum sind sie so langweilig.

Wenn man in Kathmandu, Korfu oder Kingsbarns Golf spielt, ist das anders. Der Platz von Kathmandu ist eine wilde Angelegenheit, hügelig, teilweise ungepflegt, dafür mit atemberaubendem Blick in den Himalaja. Als ich in Kathmandu war, waren gerade ein paar lokale Offiziere auf dem Weg zum Platz. Sie waren bewaffnet, links hing die Maschinenpistole über die Schulter, rechts die Tasche mit den Golfschlägern.

Der prächtige Platz auf Korfu wiederum ist weit hinten im Ropa-Tal versteckt, gesäumt von Zypressen, Pinien und Eukalyptusbäumen. Kingsbarns ist ein schottischer Links-Kurs, direkt an der Atlantikküste in den Dünen gelegen, und der Wind reißt einem fast die Kappe vom Kopf.

In ganz wenigen Sportarten nur präsentiert sich das Spielfeld jedes Mal vollkommen anders, neben Golf gilt das allenfalls noch beim Skifahren und Segeln. Doch so groß wie im Golf ist die Variationsbreite nirgendwo. Über 50 000 Golfplätze gibt es weltweit, sie sind 50 000fach individuell gestaltet, mal mit Wasserhindernissen, mal mit Bunkern, mal mit Blick auf den Indischen Ozean, mal auf die Rocky Mountains, mal liegen sie in der Wüste, mal im Hochmoor.

Beim Golf ist oft die Natur das Spektakel, nicht der Sport. Und dafür legen Golfer enorme Wege zurück, wie uns der Blick in jeden Golfreise-Katalog beweist. Einmal Emirates zu spielen, führt sie nach Dubai, einmal Tryall zu spielen, bringt sie nach Jamaica, einmal Gut Kaden zu spielen, treibt sie nach Hamburg, der Golf & Country Club bei Zumikon treibt sie nach Zürich, Fontana treibt sie nach Wien. Golfer reisen weit, nur um von einem speziellen Platz erzählen zu können.

Ich kenne hingegen keinen Tennisspieler, der jemals gesagt hätte: »Du, da hinten an der Montego Bay in Jamaica, da haben sie einen tollen Tennisplatz, 23,77 auf 8,23 Meter groß, da müssen wir unbedingt hin.«

Hingegen gibt es eine Menge Golfer, die allein schon für das 14. Loch in Montego Bay das Bankkonto ruinieren. Ein See bewacht hier ein Dogleg, der zweite Schlag in den Wind ist als weiter Carry zu schlagen, und die Sicht auf den Ozean ist unglaublich.

Weil aber aus volkswirtschaftlichen Gründen nicht alle verreisen können, als Trost für Hierbleiber ein kleines Golf-Bonmot, ebenfalls mit ökonomischem Hintergrund.

Frage: »Spielen Sie Golf, Herr Bundespräsident?«

Antwort: »Nein, von einem Loch zum nächsten Loch ist doch eher etwas für den Finanzminister!«

Das ideale Restaurant

Man muss sich nur trauen. An den schönsten
Plätzen steht immer ein Klubhaus.

Heute möchte ich einen kleinen Hinweis geben, der nicht ohne Risiko ist. Der Hinweis wird mir bei Nicht-Golfern zu außerordentlicher Beliebtheit verhelfen. Bei manchen Golfspielern aber wird er womöglich zu einigen Irritationen führen.

Der Hinweis handelt davon, wie man jederzeit ein ideales Restaurant findet. Es ist darum ein ideales Restaurant, weil man einen weiß gedeckten Tisch im Freien bekommt, mit großartiger Aussicht, mit guter Küche und reichlich dotiertem Weinkeller, dazu einen Gratis-Parkplatz direkt vor dem Haus. Und man bekommt das alles ohne Reservierung.

Die schönsten Plätze dieses Planeten, egal ob in Swasiland oder Switzerland, haben eines gemeinsam: An den schönsten Plätzen dieses Planeten liegt meist ein Golfplatz. Daneben steht ein Klubhaus. Golfplätze sind wie Naturparks, es gibt sie selten in hässlichen Gegenden. Der Unterschied besteht darin, dass es in Nationalparks

Holzbänke, Grillgitter und Wanderwege gibt, auf Golfplätzen hingegen weiß gedeckte Tische mit guter Küche und wohl sortiertem Weinkeller und dazu einen Gratis-Parkplatz direkt vor dem Haus.

Kürzlich ist mir dies wieder besonders aufgefallen. Wir waren zum Golfspielen am Gardasee. Vorne an der Seepromenade das übliche Chaos: stinkende Autokolonnen, ratternde Motorräder, furchtbares Gedränge. Keine fünf Minuten entfernt, 500 Meter im Hinterland, hingegen eine unglaubliche Idylle: Man sitzt auf der Terrasse des Golfklubs Bogliaco, einer Villa aus dem 18. Jahrhundert, der Blick geht in die Zypressenhaine, zu hören sind nur die zirpenden Grillen und das sanfte Knallen der Proseccokorken.

Oder mein absoluter Geheimtip für High-Class-Golfer. Es ist der Liberty National Course bei New York. Er liegt gegenüber von Manhattan in New Jersey und wurde 2006 eröffnet. Gebaut hat ihn Paul Fireman, der Chef des Sportartiklers Reebok. Mit Kosten von 140 Millionen Dollar ist er bei weitem der teuerste Platz, der jemals in unserem Sonnensystem entstand. Es ist ein absoluter Fünf-Sterne-Platz geworden und jeden Cent wert. Die Sicht auf die nahe Freiheitsstatue und die Skyline von New York ist ebenso atemberaubend wie die Preise der Drinks.

Nichtgolfer haben häufig Hemmungen, die Klubhäuser der Golfplätze zu nutzen. Das ist dumm. Mein Tipp deshalb: Wenn Sie je einen ruhigen Tisch mit Aussicht suchen, egal ob in Swasiland oder in Switzerland, fahren Sie zum nächsten Golfklub und setzen Sie sich auf die Terrasse. Einige gestrige Golfer werden das womöglich nicht besonders mögen, weil sie lieber unter sich bleiben möchten. Das sind jene, die mir auch meine Empfehlung krumm nehmen werden.

Kümmern Sie sich nicht um allzu elitäres Volk. Der Snobismus im Golf ist passé. Fahren Sie ruhig hin. Fahren Sie in den Schwarzwald oder ins Burgund, ins Salzburgerland oder ins Piemont. Unten, in den normalen Restaurants, drängt sich überall die lärmende Masse, oben, auf den Klubhaus-Terrassen, wo Sie sitzen, ist Ruhe und Platz.

Und, wer weiß, vielleicht bringt Sie das spezielle Ambiente auf den Geschmack an diesem speziellen Sport. Sie wissen schon, neben dem Golfplatz hat es ein Klubhaus. Neben dem Klubhaus hat es aber auch eine Driving Range. Auf der Driving Range lernt man Golf zu spielen.

Spätestens jetzt sind auch die elitären Golfer wieder mit Ihnen versöhnt.

Gespielte Emanzipation

Erstaunlicherweise ist Golf ein Schrittmacher weiblicher Gleichberechtigung.

Als sie 1893 in England die »Ladies' Golf Union« gründeten, waren die Frauen beim Abschlag noch deutlich kürzer als ihre männlichen Mitspieler. Sie hatten die weiten Röcke mit einem Gummiband oberhalb der Knöchel festzubinden, und es galt zudem als unschicklich, den Schläger beim Rückschwung weiter als bis Schulterhöhe anzuheben. Die femininen Restriktionen kosteten natürlich Länge.

Heute spielen die weltbesten Profigolferinnen auf der männlichen PGA-Tour mit. Michelle Wie, die Frau mit dem längsten Flug, schlägt den Ball ebenso weit wie die Herren Berufsspieler. Ihre durchschnittliche Länge mit dem Driver liegt bei knapp 280 Yards, das ist länger als manch gestandener Profi. Das schaffte sie bereits als 15-Jährige.

Golf ist, und dies im Gegensatz zu seiner Reputation, geradezu ein Vorposten der egalitären Gesellschaft. Golf ist die einzige Sportart, wo körperliche Leistung eine bestimmte Rolle spielt und wo es trotzdem gemischtgeschlechtlich zu und her geht.

Soeben hat die Ladies' Golf Union – jawohl, jene von 1893 – einen innovativen Entscheid gefällt. Ab Mitte des Jahres dürfen in England auch Transsexuelle bei den Frauenturnieren mitspielen. Ausgelöst hat dies der Däne/die Dänin Mianne Bagger, der/die sich 1995 operativ von einem Mann in eine Frau verwandelte.

Mir gefällt die Entscheidung. Ich finde, der vermeintlich altertümliche Golfsport hat damit einmal mehr seine erstaunliche Modernität bewiesen.

Auch für uns männliche Durchschnittsgolfer hat die erstaunliche Geschlechterdurchlässigkeit im Golf klare Vorteile. Wenn sich unsere Frauen das nächste Mal wieder aufregen, wenn wir schon morgens Richtung Golfplatz entschwinden, dann sagen wir nun: »Weißt du Schatz, ich spiele so gern Golf, weil hier über Feminismus und Emanzipation nicht nur geredet, sondern weil Feminismus und Emanzipation hier auch gelebt werden.«

Jede Wette, da hat sie keine Argumente mehr.

Das Spiel zieht sich in die Länge

Es dauert nicht mehr lange, und ein normales
Par 3 misst 300 Meter.

Zu den Freuden des Winters gehört für Schweizer und deutsche Ski-Anhänger jeweils die klassische Ausrede, wenn die einheimischen Fahrer wieder hinter den Österreichern hergeschlichen sind: »Wir hatten das falsche Material.«

Wir Golfspieler können das sehr gut verstehen. Wir wissen, es ist immer das Material.

Keine andere Sportart ist in den letzten Jahren von einer derartigen technologischen Erneuerung überrollt worden. Viereckige Driver, dreieckige Putter, Eisen ohne Ecken und Kanten. Besonders deutlich zeigt sich der Erfindungsreichtum der Golfingenieure bei den Bällen. Die Dinger fliegen immer weiter, allein im Vergleich zu den Achtzigerjahren sind die Abschläge der Profis heute 20 bis 30 Meter länger.

Die Golfplätze werden als Folge dieser technologischen Revolution zu kurz. Wo die besten Spieler der Siebziger- und Achtzigerjahre bei den langen Par-5-Löchern noch drei Schläge bis aufs Green brauchten, knallen die heutigen Profis ihre Geschosse schon mit zwei Schlägen übers Green hinaus ins Publikum. »Es ist absurd«, sagt der frühere Champion Jack Nicklaus, »irgendwann werden wir nicht mehr auf dem Golfplatz, sondern downtown abschlagen müssen.«

Für uns Golf-Touristen hat das eine gute und eine schlechte Seite. Die schlechte News ist die sportliche Ebene. Viele Plätze hat man in den letzten Jahren umgebaut und verlängert, und neue Kurse werden ohnehin viel länger als zu früheren Platzstandards angelegt. Weil wir keine Profis sind und nicht jedes Jahr ein paar Meter länger werden, verschlechtern sich auf den neuen Plätzen unsere Handicaps.

Ich habe das eben selber erlebt. In meinem Ferienklub in Italien, zuvor ein gemütliches Plätzchen für uns Senioren, haben sie umgebaut. Einige Löcher sind nun so lang, dass ich die Fahne in der Ferne nur noch per Feldstecher erkenne.

Die gute News ist die touristische Ebene. Der Längenwahn führt dazu, dass Golfarchitekten mit möglichst endlosen Fairways einen zusätzlichen Reiz für Freizeitspieler schaffen. Lange Zeit galt das 867 Meter lange Par 7 auf dem japanischen Satsuki Golfcourse als längstes Loch der Welt, dann wurde es übertrumpft durch ein 906 Meter langes Par 6 in Chocolay Downs, Michigan.

Natürlich haben die Chinesen das alles bereits wieder getoppt. Sie haben ja noch diese kindliche Anfängerfreude am Golfsport, die bei uns vor 100 Jahren typisch gewesen sein muss. Also haben sie den Dragon Snow Mountain Golfklub außerhalb von Lijiang gebaut, den längsten Golfplatz der Welt. Er misst 7600 Meter. Er hat das längste Par 3 der Welt, 250 Meter lang.

Das kann uns aber nicht erschüttern. Falls wir mit unserem Vierer-Eisen das 250 Meter entfernte Green in Lijiang nicht mit dem ersten Schlag locker erreichen, dann wissen wir jedenfalls, woran es gelegen hat. Wir hatten das falsche Material.

Schmutzige Hände

*Im Büro ist die Sekretärin selbstverständlich –
warum nicht auf dem Platz?*

»Haben Sie eine Idee, wie ich mein Score um zehn Schläge verbessern kann?« fragt der Golfer seinen Caddie. »Ja«, sagt der, »hören Sie nach dem 17. Loch auf.«

Caddies sind in der Theorie meist reichlich respektlos und vorlaut gegenüber ihren Auftraggebern. Im richtigen Golferleben sind sie genauso. Sie grinsen oft ziemlich unverhohlen, wenn wir unsere Bälle in Tann und Tümpel versenken, und wenn sie nach einem halbwegs gelungenen Schlag jubelnd »Good shot, Sir!« rufen, dann können wir auch nicht sicher sein, ob sie das schon sarkastisch oder bloß ironisch meinen.

Für Nicht-Golfer müssen wir kurz erklären, was Caddies sind. Caddies sind Teilzeitbedienstete auf dem Golfplatz. Sie tragen während der Runde unsere Tasche, zeigen uns den Weg, putzen unsere Bälle, reichen uns die Tees, signalisieren uns Sand- und Wasserhindernisse, wählen für uns den richtigen Schläger, suchen unsere Bälle im Gebüsch, besorgen uns Wasser und Bier, markieren uns die Bälle auf dem Green, lesen die Puttlinie, bedienen uns die Fahne und notieren uns das Score.

Und was genau tut der Golfspieler? Das ist eine gute Frage. Golfspielen mit oder ohne Caddie ist wie Arbeiten mit oder ohne Sekretärin.

Caddies verstehen mehr von Golf als die meisten Golfspieler, genauso wie die meisten Sekretärinnen mehr vom Business verstehen als ihr Chef.

In Asien, etwa in Thailand oder Japan, sind die ausnahmslos weiblichen Caddies Pflicht auf dem Platz, auch in Südafrika und Australien spielt man meist mit Hilfspersonal. Nur die Europäer meinen inzwischen immer häufiger, sie müssten schwitzend und schnaufend den Golfkarren selber durch den Dreck ziehen und die Bälle selber im Dickicht suchen.

Seltsamerweise gehören der schnaufenden Gemeinde der Golf-
arbeiter eine Menge Leute an, die im Büro nie auf die Idee kämen,
sich selber die Hände schmutzig zu machen. Im Büro haben sie
gelernt, die niedere Arbeit zu delegieren, an die Sekretärin oder an
den Sachbearbeiter.

Ich kann nur ermutigen, diese Einsicht auf den Fairway umzu-
legen. Denn es gibt noch eine weitere Parallele zwischen Golf und
Geschäft. Wenn in der Firma oder auf dem Golfplatz ausnahmsweise ein Großerfolg gelingt, dann ist eines klar. Verantwortlich
dafür ist mit Sicherheit nicht die Sekretärin, nicht der Sachbearbeiter und nicht der Caddie.

Verantwortlich für den Großerfolg ist immer und ausschließlich
der Chef.

Notfalls in Uummannaq

Warum Boxweltmeister im Schnee bunte Bälle
verlieren.

Die Sonne scheint, aber nur kurz, man sitzt auf dem Hotelbalkon
und schaut auf den Golfplatz, und es ist 45 Grad unter Null. Wir
sind in Uummannaq in Grönland, im Nordwesten Grönlands, um
exakt zu sein. In Uummannaq spielt man Golf, Eis-Golf, Hochsaison ist März, und man spielt mit diesen orangen, fluoreszierenden
Bällen, damit man sie zwischen den Eisbergen auch wieder findet.

Ich kann Ihnen aber auch Longyearbarden empfehlen, auf Spitz-
bergen, beim Svalbard-Archipel, zwischen Norwegen und dem
Nordpol. Hier ist es 42 Grad unter Null. Beim Golfen ist das einzige Problem, dass die Polarbären diese orangen, fluoreszierenden
Bälle so gerne mögen und sie mitnehmen, wenn sie einen finden.

Man kann auch in St. Moritz im Winter spielen, auch hier mit
diesen orangen, fluoreszierenden Bällen. Hier ist es 18 Grad unter
Null.

Was für eine Schnapsidee, denken Sie jetzt. Ich teile Ihre Ansicht.

Warum, in aller Welt, kann man saisonale Sportarten nicht saisonale Sportarten sein lassen? Kein Kanufahrer kommt auf die Idee, bei Minusgraden den Rhein hinunterzupaddeln, und die Bobfahrer werden kaum je im Hochsommer im Run von Celerina oder Igls gesichtet.

Oder doch? Es gilt nicht nur für Golf, die meisten Sportarten sind neuerdings aus ihrer Saisonalität gekippt. Es begann im Profibetrieb, wo es nicht im Interesse der Berufssportler, der Klubs, des Fernsehens und der Sponsoren liegt, wenn sich in ihrem Wirtschaftssegment längere Winter- und Sommerpausen einschleichen. Unterbrüche sind schlecht fürs Geschäft. Und so müssen die Skispringer nun auch im Juli schwitzend von der Schanze auf irgendwelche Gummimatten hüpfen, und die Fußballspieler rennen im Februar in langen Unterhosen auf dem geheizten Rasen herum.

Nach dem Berufssport ist die Abkehr von saisonalen Schwankungen auch bei uns Amateuren immer populärer geworden. Immer mehr Golfplätze schließen nicht mehr im Winter. Erstaunlicherweise sind sie im Januar genauso gut gebucht wie im August. Vermutlich ist es nicht erstaunlich, wenn man uns Golfer kennt.

Ich gebe zu, auch ich habe in diesem Winter eine Runde gespielt. Es war ein Turnier in den Dolomiten, hinten im Arntal, 18 Loch auf Schnee.

Ich war in demselben Flight wie Sven Ottke. Ottke war Boxweltmeister im Mittelgewicht. 2004 trat er nach seinem letzten Sieg und nach 23 erfolgreichen Titelverteidigungen als ungeschlagener Weltmeister ab. Seitdem drischt er mit ähnlicher Begeisterung auf den Golfball ein, mit der er früher die gegnerischen Nasenbeine zertrümmerte.

Wir spielten also 18 Loch auf weißer Unterlage, nach zwei Stunden setzte ein anständiger Schneesturm ein und wir fanden heraus, dass es gar keinen Sinn macht, im Schnee mit farbigen Bällen zu spielen. Wenn nämlich der Ball auf dem platt gewalzten, weißen Fairway liegt, dann sieht man auch einen weißen Ball. Wenn aber der Ball links oder rechts des Fairways im Schnee versinkt, dann findet man auch einen gelben oder orangen Ball nicht wieder. Man lernt bei Golf eben doch jedes Mal etwas dazu.

Wir standen also im Schnee, froren uns die Pfoten ab und fragten uns, warum wir 500 Kilometer angereist waren, um im Schnee zu stehen, gelbe und orange Bälle zu verlieren und uns die Pfoten abzufrieren. Wir fanden es nicht heraus. »Vermutlich sind wir Golfer«, sagte Ottke schließlich.

Ich bin eine Zielgruppe

Golfer sind reich (durch Studien erhärtet) und
sexy (nicht durch Studien erhärtet).

700 000 organisierte Golfer gibt es im deutschsprachigen Raum.

7 Millionen Mitglieder von Fußballvereinen gibt es im deutschsprachigen Raum.

Über eine Million Sportfischer gibt es im deutschsprachigen Raum. Über eine Million Aktive gibt es in den Verbänden für Pferdesport. Nicht zu unterschätzen ist auch die Mitgliederzahl in den Vereinen und den Gesellschaften für Kleintierzucht (Kaninchen, Geflügel, Vögel), die ebenfalls höher als die Mitgliederzahl der Golfklubs ist. Es gibt im deutschsprachigen Raum 2 Millionen Taucher.

Dennoch habe ich noch nie in einer Zeitung oder Zeitschrift einen Sonderteil unter dem Titel »Kleintierzucht-Extra« gefunden, von einer »Kaninchen-Beilage« oder einem »Geflügel-Spezial« gar nicht zu reden. Ein »Pferde-Extra« oder ein »Salzwasserfisch-Sonderheft« habe ich ebenfalls noch nie angetroffen.

Golf-Extras hingegen gibt es wie Sand am Meer respektive wie Golfbälle im Wasserhindernis. Von der »Financial Times« über die »Frankfurter Allgemeine Zeitung« bis zur »Neuen Zürcher Zeitung« werden wir Golfer unablässig mit Golf-Beilagen attackiert.

Warum das so ist? Ganz einfach. Wir sind eine Zielgruppe.

Eine Zielgruppe unterscheidet sich von zufällig zusammen gewürfelten Gruppen wie beispielsweise der Gruppe der Verkehrspolizisten oder der Gruppe der Grippekranken durch spezielle Eigenschaften. Eine Zielgruppe hat etwas, was andere, sozusagen ziellose Gruppen, nicht haben. Wir wollen also untersuchen, was wir Golfer haben und die anderen nicht.

Zu diesem Zweck vergleichen wir die Gemeinde der Golfer einmal mit jener der Fußballer oder Radsportler – Studien gibt es schließlich zu allem.

Zuerst zum Geschlecht:

21 Prozent der Fußballer sind Frauen, 32 Prozent der Golfer sind Frauen, 50 Prozent der Radfahrer sind Frauen.

Zum Alter: Über 35jährig sind 32 Prozent der Fußballer, 64 Prozent der Radsportler, 65 Prozent der Golfer.

Zum Beruf: 20 Prozent der Radfahrer sind in einer Chefposition, 21 Prozent sind es bei den Fußballern, 31 Prozent bei den Golfern.

Zur Bildung: Abitur, Matura oder Ähnliches haben 28 Prozent der Fußballer, 31 Prozent der Radfahrer, 45 Prozent der Golfer.

Zum Einkommen: Überdurchschnittlich verdienen 41 Prozent der Radler, 43 Prozent der Fußballer und 54 Prozent der Golfer.

Na also. Im Vergleich zu den Kickern und den Tretern haben wir Golfer es also beruflich weiter gebracht, wir sind besser gebildet und besser verdienend, dafür etwas reifer. Sagte ich ja schon: Wir sind eine richtige Zielgruppe.

Weil wir so gut gebildet, so gut verdienend und äußerlich so attraktiv und sexy sind (der letzte Punkt ist durch Studien noch nicht vollständig erhärtet), ist es klar, dass wir Golfer, wir Karriere-, Bildungs- und Einkommens-Genies, für die Werbung besonders interessant sind. Wann immer eine Golf-Beilage erscheint, stürzt sich die Werbewirtschaft auf uns. Auf die Kleintierzüchter stürzt sich keiner.

Insofern kommt unserem Sport geradezu höchste ökonomische Bedeutung für den Wirtschaftsstandort zu.

Wenn Sie also das nächste Mal schon nachmittags zum Golfen

gehen, suchen Sie keine Entschuldigungen mehr. Sagen Sie nicht: »Ich gehe golfen, weil alle meine Geschäftspartner sowieso da sind.« Sagen Sie nicht: »Ich gehe golfen, weil ich den Geruch von frischem Gras so gerne habe.«

Sagen Sie: »Ich gehe golfen aus volkswirtschaftlichen Gründen. Ich bin eine Zielgruppe.«

Zwischen Erfolg und Spiel

Keine Nostalgie, nur eine Feststellung: Früher war im Golf alles besser.

Es ist schwierig zu schätzen, wie viele es sind. Manche glauben, dass bei wichtigen Turnieren bis zu einem Drittel der Golfspieler die Pille einwerfen. Wir reden von Turnieren von Freizeitgolfern.

Am beliebtesten ist Ponstan, das Schmerzmittel von Pfizer. Mit ein oder zwei Ponstan fühlt man sich ruhiger als sonst, und auch die Schmerzen in Nacken und Ellbogen sind weg. Man spielt zwei, drei Schläge besser als ohne. Bei den Juniorenmeisterschaften, sagt man mir, ist Ponstan besonders beliebt. Man hat Erfolg mit Ponstan.

Letzte Woche habe ich eine Runde mit Hans-Peter gespielt. Er begann mit Golf vor 44 Jahren. Damals gab es ein paar Tausend Golfer im Land. Und es muss auch sonst ganz anders als heute gewesen sein.

Hans-Peter erzählte mir, dass damals die anderen Golfer im Flight den Mund hielten, wenn einer abschlug. Heute schwatzen sie weiter. Er erzählte mir, dass man damals zuerst auf einen Drink ins Klubhaus und dann auf den Platz ging. Heute gehen sie direkt auf die Driving Range. Er erzählte mir, dass man damals am Sonntag manchmal mit Krawatte spielte. Heute zeigen sie am Tag des Herrn kurze Hosen und weiße Waden. Er erzählte mir, dass es damals bei Turnieren nur Strokeplay gab, weil dies ein gewisses Niveau erforderte. Heute zählen sie in Stableford, weil da jeder Anfänger mittun kann.

Und sie nahmen damals kein Ponstan, sondern Whisky.

Früher hatten sie in den Klubs Spitznamen, die sich an ihrem individuellen Schwungstil orientierten. Man sah von weitem, wer im Flight vorne dran spielte. »Peitschenknaller-Otto« hieß einer, »Schleifensepp« ein anderer.

Heute haben sie einen Pro und Videogerät mit einer DVD von David Leadbetter zum Thema Standardschwung.

Oh Gott, denken Sie jetzt, nun stimmt schon wieder einer in dieses kulturpessimistische Gejammer über den Sittenzerfall im Golfsport ein. Tue ich nicht, aber ich finde es interessant, wie sich eine Freizeitbeschäftigung verändert, wenn sie demokratisiert wird.

Alles, was sich demokratisiert, bekommt mehr Zulauf, und was mehr Zulauf bekommt, verliert an Stil und Klasse. Wir können es, für politisch Korrekte, auch umgekehrt ausdrücken. Mehr Demokratisierung wäre dann ein Verlust an Dünkel.

Golf ist in dieser Stilfrage nicht allein. Ältere Rolls-Royce-Fahrer wundern sich sehr, wer heute alles am Steuer dieses Autos sitzt. Und waren Sie in letzter Zeit einmal in den guten Hotelbars von Baden-Baden und St. Moritz? Können sie gut russisch? Lassen wir das, wir lieben ja unsere neuen osteuropäischen Freunde, kommen wir also zurück zu Golf.

Ich glaube, der größte Unterschied ist der, dass heute die Golfer Erfolg haben wollen. Erfolg ist das Schlüsselwort für Sport. Früher, zu Hans-Peters Zeiten, war das Schlüsselwort Spiel. Spiel ist das Schlüsselwort für Vergnügen. Sport heißt Erfolg. Erfolg heißt, dass man sein Handicap hektisch hinauf- und hinunterspielt, dass man wöchentlich zum Pro rennt, dass man die Startzeiten schon fünf Tage zuvor reserviert und dass man sich mitunter auf dem Platz danebenbenimmt.

Schauen Sie sich einmal echten Sport an, etwa ein Fußballspiel der Champions League. Auf dem Platz benehmen sich hier alle daneben. Es gibt ganz große Rüpel wie Oliver Kahn und es gibt mittelgroße Rüpel wie alle anderen. Dieser fußballerische Auftritt ist auch auf den Golfplätzen im Kommen.

Étiquette ist eben kein Dorf in der französischen Provinz, sondern etwas anderes. Vor allem in jungen Clubs glauben manche, nur weil sie eben erst 25 000 Mäuse Eintrittsgebühr bezahlt haben, könnten sie sich aufführen wie zu Hause.

Am vorletzten Sonntag etwa spielten wir zu zweit eine Runde. Vor uns spielte eine Dame, sie spielte allein, und sie spielte mit drei Bällen. Sie hielt uns auf. Wir warteten. Und wir warteten wieder. Sie spielte weiterhin mit drei Bällen. Wir fragten sie, ob man nicht besser zu dritt spiele, damit man vorankomme. Sie lehnte ab, weil sie ja schließlich für das nächste Turnier trainieren musste. Die Dame war ganz offensichtlich eine Sportlerin.

Ich bin eher der Spielertyp, aber ich habe mich fürchterlich aufgeregt. Ich habe mich so aufgeregt, dass ich richtig Kopfweh bekam. Zum Glück hatte ich ein Ponstan dabei.

Unser Mann auf der Tour

*Er ist fett, er ist unzuverlässig, er trinkt zu viel —
es ist leicht, John Daly zu mögen.*

Das Par 5 beim Bay Hills Invitational in Orlando schaute nicht allzu schwierig aus. Auch Normalgolfer schaffen hier öfters ein Par oder schließen zumindest mit einem Bogey ab. John Daly schaffte dennoch den Minus-Rekord des Turniers. Nachdem er sechs Bälle ins Wasser gedroschen hatte, beendete er das Loch mit einem Score von 18 Punkten.

Mindestens so legendär wie beim Bay Hills Invitational war John Dalys Blackout beim Memorial-Tournament in Ohio. Da lag der Ball knappe drei Meter vom Loch entfernt auf dem Green. Daly brauchte dennoch sechs Putts, bis der Ball endlich eingelocht war.

Ich glaube, John Daly ist aus gutem Grund zum beliebtesten Spieler bei uns Durchschnittsgolfern geworden. Er spielt wie wir. Alles scheint glatt zu laufen, man fühlt sich gut, und da, aus heiterem Himmel, ändert sich die Großwetterlage abrupt. Die Bälle fliegen mit diabolischer Konsequenz ins Wasser, sechs Mal, und auch der 1-Meter-Putt streicht nur um Millimeter, dafür fünf Mal, am Loch vorbei. Daly kann manchmal so schlecht Golf spielen, wie wir Alltagsgolfer schlecht spielen können. »Folk hero« nennen ihn folgerichtig die amerikanischen Golfzeitschriften.

Wir Alltagsgolfer kommen mit der obersten Liga unseres Sports im Normalfall nur am TV in Kontakt. Wir schauen zu, wie es die Besten treiben. Doch Golf am Fernsehen scheint mir eine zwiespältige Sache. Auf die Dauer ist es ermüdend und leicht deprimierend, all diesen fabulösen Shots und Putts der Profis zuzuschauen. Ich würde mir am Fernsehen viel häufiger auch missratene Schläge wünschen, nicht aus Schadenfreude, sondern aus Identifikation. Doch Fehlschüsse werden kaum je gezeigt, entweder gibt es sie so selten, oder sie passen nicht ins TV-Konzept.

Nach dem letzten Loch ist es auch nicht viel heiterer. Da tritt dann der Sieger ans Mikrophon und sagt die üblichen, abgeschliffenen Sätze: »I would like to thank my mom.« Oder: »I would like to thank my wife and my family.« Oder: »I would like to thank the sponsors.« Irgendwie wirken viele erfolgreiche Golfer, vor allem viele Amerikaner, am TV seltsam sandgestrahlt, aseptisch und fahl.

Im Vergleich mit John Daly sehen sie erst recht wie Chorknaben aus. Er hat eine reichlich schizophrene Karriere hinter sich, hin- und hergerissen zwischen extremem Golf und extremem Leben. Seit er mit 14 seinen ersten Jack Daniel's intus hatte, hat er immer wieder zuviel gebechert, er hat üble Scheidungen hinter sich, er hat in Casinos schon ein paar Lebenseinkommen durchgebracht und kämpft unablässig und erfolglos gegen sein Übergewicht. Er hat riesige Siege wie das British Open und ebenso riesige Abstürze produziert. »Go on, fat boy, go on!« haben sie jedes Mal gerufen, als er nach langen Durststrecken wieder einmal ein großes Turnier gewann. »Go on, fat boy, go on!« rufen sie, auch wenn er lausig spielt. Und wenn er lausig spielt, dann bestellt er einen viel zu großen Hamburger und er gießt sich ein paar Gläser zuviel hinter die Binde. Genauso wie wir.

Der Unterschied, warum wir ihn lieben, ist simpel. Die anderen Profis auf der Tour sind Spitzensportler. John Daly ist ein Golfer.

Die Regeln der Samurai

Geschmiedet, nicht gegossen müssen
die Schläger sein.

Wir sitzen im Steakhouse Koji, und Katsuhiro Miura erklärt uns den Unterschied zwischen einem Fleischmesser und einem Golfschläger. Wenn ein Steak misslinge, so sei der Koch und nicht das Messer anzuklagen. Wenn ein Golfschlag missglücke, sei hingegen der Schläger und nicht der Spieler schuld.

Japanische Logik, aber international anwendbar, wie jeder Golfer weiß.

Katsuhiro Miura gehört zu den Vorreitern dieses neuen Trends im Golf. In der Nähe der japanischen Kleinstadt Himeji stellt er Golfschläger her. Miuras Eisen sind von Hand geschmiedet, mit dem Hammer in der Hand. Der Stahl wird nicht gegossen wie bei den Massenproduktionen in der chinesischen Golfindustrie, wo alle großen Weltmarken wie Callaway, Wilson, Nike und Mizuno am Fließband fertigen lassen.

Plötzlich muss jeder Golf-Snob geschmiedete Schläger haben. Der Trend kam quasi über Nacht. Er kam aus Japan.

Nun ist der Unterschied zwischen der edlen Schmiedekunst und dem profanen Gießereihandwerk womöglich nicht jedem Leser vertraut.

Damit sich die Bildungslücke schließt, müssen wir ein wenig von den japanischen Samurai erzählen. Die große Zeit der Samurai dauerte vom 12. bis 17. Jahrhundert. Samurai waren Profikrieger, die von den rivalisierenden Clans für ihre Heere angeworben wurden. Als Waffe benutzten sie die lange, gebogene Katana, das Schwert aller Schwerter.

Katsuhiro Miura hat mir erklärt, wie man perfekte Katanas schmiedet. »Gute Schwerter«, sagt er, »sind ein Dialog. Sie müssen hart sein, und sie müssen weich sein.« Das ist keine fernöstliche Rhetorik, sondern die Basis der Schmiedekunst. Stahl muss die zwei Elemente Härte und Schmiedefähigkeit harmonisch verbinden. Ist er zu hart, wird er spröde und bricht, ist er zu weich, lässt er sich formen, doch fehlt dem Schwert die Präzision.

Die Schmiede lösten das Problem, indem sie weichen Stahl von geringem Kohlenstoffgehalt wählten, ihn aber nicht schmolzen, sondern nur erhitzten, um ihn dann mit dem Hammer in die Form zu hauen. Dann härteten sie die Schneidefläche der Klinge.

Nach genau demselben Prinzip werden die geschmiedeten Golf-schläger, die »forged irons«, hergestellt. Der größte Vorteil dieser Technologie ist eine bessere Kontrolle für den Spieler. Die geschmiedeten Schlägerköpfe fühlen sich beim Schlagmoment in der Hand viel weicher an – je besser der Spieler, je größer dieser Effekt. »Extra Feel« nennen die Amerikaner dieses Gefühl.

Viele Golfprofis spielten und spielen mit Schlägern von Miura, beispielsweise Raymond Floyd, Nick Price, José Maria Olazabal und Ian Woosnam. Allerdings stand auf ihren Schlägern, mit denen sie Masters und Open Championships gewannen, nicht der Name Miura, sondern der einer anderen Schlägermarke wie McGregor, Callaway oder Taylor-Made. Auch Tiger Woods, als er noch bei Titleist unter Vertrag war, spielte mit Schlägern, die Katsuhiro Miura persönlich in Himeji gefertigt hatte.

Das ist vielleicht ein bisschen unfair gegenüber den Amateur-spielern. Die bewundern nun am TV José Maria Olazabal und Tiger Woods, greifen reaktionsschnell zur Kreditkarte, sausen in den Golfshop und kaufen sich vermeintlich genau dieselben tollen Schläger wie die Golfprofis – nicht wissend, dass die Stars in Wahr-heit mit Einzelanfertigungen treffen.

Dennoch, geschmiedete Schläger sind auch für Amateurspie-ler etwas besonders. Sie sind zwar teuer, aber sie werden vor der Auslieferung auch besonders scharfen Qualitätskontrollen unter-worfen.

Auch das hat Tradition. Nachdem der Stahl bearbeitet und gehärtet war, testeten jeweils auch die alten japanischen Schmiede die Schärfe der Klinge. Dazu versuchten sie, die Gliedmaßen zum Tod verurteilter Krimineller mit einem einzigen Hieb vom Körper zu trennen. Besonders beliebt beim Test war der Kopf.

Viel Schwein

Die Chance für ein Hole-in-One ist 12 750.
Es gelingt also alle 18 Jahre.

Vor 30 Jahren erzielte der Engländer Rodney Hare sein erstes Hole-in-One. Vor ihm spielte ein Vierer-Flight, die vier winkten ihn durch und warteten am Rande des Greens. Hare schlug, der Ball flog, rollte kurz aus und fiel ins Loch. Vorne hüpften die vier wartenden Golfer wie verrückt auf und nieder und winkten mit den Armen.

Hare ging nach vorn, nahm den Ball aus dem Loch und sagte beiläufig: »Danke, dass Ihr mich habt durchspielen lassen. Ich werde versuchen, euch nicht weiter aufzuhalten.«

Kein schlechter Spruch in dieser Situation. Heute ist Rodney Hare 53 Jahre alt. Er ist als jener Amateurgolfer bekannt, der von allen Golfern am meisten Glück auf dieser Erde hat. Bis heute schoss er 10-mal ein Hole-in-one und 15-mal einen Albatross, brauchte also nur zwei Schläge auf einem Par fünf.

12 750:1 ist die Chance, ein Hole-in-One zu erzielen. Einmal auf 12 750 Schläge. Das bedeutet, man schafft es im Schnitt etwa alle 700 Runden. Gehen wir mal davon aus, dass man 40 Runden spielt im Jahr. Dann müsste es ungefähr alle 18 Jahre gelingen.

Golf ist jene Sportart, bei der Glück die größte Rolle spielt. In vielen anderen Spielformen ist Glück kein entscheidender Faktor. Es hat noch nie einer im 10 000-Meter-Lauf bei Olympia nur mit Fortüne gesiegt. Und der FC Bornholm gewinnt auch an einem Glückstag niemals gegen Bayern München.

Im Golf hingegen ist Glück allgegenwärtig. Hier gibt es Hügel, Bunker, Wasserlöcher, Bäume und 100 andere Möglichkeiten, wo der Ball glücklich oder unglücklich landen kann. Das macht Golf so unterschiedlich und so einzigartig. An schlechten Tagen kann man mit viel Schwein eine gute Runde spielen, an guten Tagen mit viel Schwein gar eine Superrunde.

Manchmal gelingt uns Normalsterblichen dann ein Schlag der

Schläge. Auch amerikanische Präsidenten haben schon Holes-in-One geschafft, Richard Nixon zum Beispiel oder Gerald Ford. Ford gelang es gar dreimal.

Am meisten Schwein bei den Profis hatte bisher Andrew Magee. Er war der erste Professional auf der PGA-Tour, dem ein Hole-in-One bei einem Par 4 gelang. Es war in Scottsdale. Er drosch auf dem Par 4 den Ball nach vorne, wie man das immer tut, wenn sie weit, weit vorne am Putten sind. Der Ball rollte über den ganzen Fairway, rollte schräg übers Green und prallte an den Putter des verdutzten Profikollegen Tom Byrum.

Vom Putter flitzte der Ball direkt und regelkonform ins Loch.

Der Schwung im Quadrat

Als Golfer kann man nicht genug an seiner Amplitude arbeiten.

Der Golfswing ist die komplexeste Bewegung, die es im Sport gibt. Es ist kein Wunder, dass der Golfschwung und die Golfgemeinde darum seit je die Wissenschaft fasziniert. An der Fachhochschule Koblenz zum Beispiel kann man ab 2007 das Studienfach Golf belegen, gleichberechtigt mit Ökologie oder Physik.

An der Universität Paderborn, führend im Forschungsgebiet des Golfsports, erforschen sie die Basis des Sports, den Swing. Sie untersuchen beispielsweise die »elektrodermalen Indizes und kinematischen Parameter des Golfschwungs«.

Das Resultat für Laien kurz und verständlich zusammengefasst: Die Elektrosymatikografie zeigt eindeutig die Wichtigkeit der Regenerations-Amplitude in Ohm (Formel: Xpa-Xpb). Entscheidend für den Schwung ist auch die »ESG-Tal-Dauer (Xp5-Xp3/5)«.

Das hat nicht nur wissenschaftliche sondern auch volkswirtschaftliche Auswirkungen. Golf ist der größte Sportmarkt der Welt. Auch wer dauernd danebenhaut, braucht eine Perspektive. Hunderttausende von Golf-Pros leben von der Illusion ihrer Kunden, sie könnten den richtigen Golfschwung lernen. Über zehn Milliarden Dollar setzt die Industrie jährlich um, weil der neu gekaufte Schläger schaffen soll, was das alte Holz nicht kann.

Ein paar Dutzend Millionen kommen laut Statistik noch dazu, um die Schläger zu ersetzen, welche die Golfer nach einem schlechten Schlag zerbrochen oder ins Wasserhindernis befördert haben.

Auch im boomenden Golftourismus fliegt oft die Hoffnung mit, dass man an der Algarve oder in Schottland plötzlich besser trifft als auf den heimischen Frustwiesen Mitteleuropas. Wenn Sie also demnächst mit dem Golfbag am Flughafen stehen, mit dem Ticket an die Algarve oder nach Schottland in der Hand, dann wissen Sie jetzt wenigstens warum. Der Grund heißt Xp5-Xp3/5.

Ich bin für Sie optimistisch. Sie müssen nur noch ein wenig an Ihrer Regenerations-Amplitude feilen.

Kein Swimming-Pool, kein Federball

Seit Agatha Christie sind Golftouristen
die wahren Reisenden.

Das Buch heißt »The Murder on the Links«: Der Multimillionär Paul Renauld stirbt auf dem Golfplatz, kurz nachdem er Detektiv Hercule Poirot um Hilfe gebeten hat.

Ein anderes Buch heißt »Taken at the Flood«. Auch hier zeigt Agatha Christie, dass sie etwas von Golf verstand. »Warmsley Heath consists of a Golf Course ...«, lautet der erste Satz des Romans.

Agatha Christie, die famose Krimiautorin, spielte viel und gern. Direkt neben dem Familienanwesen Greenway Estate in South Devon lag ein Golf Course, und sie reiste weitherum zu Golfplätzen, die sie interessierten, etwa zum Platz am Karersee in den Dolomiten oder dem berühmten Oberoi Golf Course von Kairo, gleich neben den Pyramiden.

Wir wären damit beim wesentlichen Unterschied zwischen Golfreisenden und jenen normalen Reisenden angekommen, die eine Badehose oder einen Federballschläger im Gepäck mitführen. Golfreisende kann man extrem leicht verführen.

Normale Reisende kann man nicht verführen. Wie denn auch? Federballwiesen und Swimmingpools sehen überall gleich aus. Das Meer sieht ohnehin überall gleich aus. Palmen sehen überall gleich aus. Alle Strände sehen überall gleich aus. Auch viele Städte sehen inzwischen gleich aus. Hotels sehen sowieso alle gleich aus.

Ich kenne jedenfalls keinen Urlauber, der mir jemals gesagt hätte: »Du, in North Carolina, da haben sie einen tollen Swimming-Pool, blaue Kacheln mit weißen Linien, 25 Meter lang, da müssen wir unbedingt hin.«

Ich kenne hingegen eine Menge Golfspieler, die mir gesagt haben: »Du, in North Carolina, da haben sie einen tollen Golfplatz, Pinehurst heißt er, mitten in jahrzehntealten Pinienwäldern und Blumenfeldern, da müssen wir unbedingt hin.«

Es gibt im Tourismus die aussterbende Gattung der klassischen Individualtouristen. Sie wurden abgelöst von den Last-Minute-Touristen. Die Individualtouristen reisen mit einem Ziel. Die Last-Minute-Touristen reisen ohne Ziel.

Die Last-Minute-Touristen stoßen zwei Wochen vor der Abreise zufällig auf die Malediven. Wenn sie auf den Malediven nichts Passendes finden, dann fliegen sie halt in die Dominikanische Republik. Ist sowieso wurst, denn das Meer sieht ohnehin überall gleich aus, die Palmen sehen überall gleich aus, die Hotels sowieso.

Golfreisende reisen noch richtig, sie reisen mit einem Ziel. Denn Golfplätze sehen nicht überall gleich aus. Sie sind mal in den Alpen, mal an der Küste, mal in der Wüste, mal schmal, mal breit, mal flach, mal hügelig. Dafür legen Golfer weite Wege zurück. Es gibt Golfer, die fahren nach West Palm Beach in Florida, weil hier sechs der schönsten Plätze liegen, die von Jack Nicklaus gebaut wurden. Sie wollen genau das und nichts anderes. Golfer wollen nicht billig an den Swimmingpool und in die Dominikanische Republik.

Wenn Sie in die Dominikanische Republik reisen, dann nur des-

halb, weil Nick Faldo im Osten der Insel beim Roco Ki einen groß-
artigen neuen Platz gebaut hat.

Aus diesem Grunde auch ist jeweils auf die Golftouristen Ver-
lass, wenn die Normaltouristen klein beigeben. Nachdem im Sommer 2006 in London die Bomben der Islamisten hochgegangen
waren, ging die Zahl der Trips nach Großbritannien merklich
zurück. Nur die Golfanbieter spürten nichts von den Auswirkungen der Terrorangst. Die Golfer reisten unverdrossen an. Wenn
man schon im Royal & Ancient Golf Club von St. Andrews oder
im Royal Troon Golf Club in Ayrshire spielen kann, dann lässt man
sich nicht von irgendwelchen irren Yasin Hassan Omars und Muk-
tar Said Ibrahims davon abbringen.

Golf ist der beste Vorwand dieser Erde, um immer wieder von
zu Hause wegzukommen. Darum reisen Golfer meist im Verbund,
mit ihren golfenden Frauen und golfenden Freunden. Gemeinsam
wegzukommen, ist auch mathematisch zwingend, weil ein voller
Golf-Flight vier Spieler zählt. Golfreisende sind zwar Individualtouristen, aber keine isolierten Individualisten.

Zum Beweis unserer These endet dieser Text mit einem dieser
Golferwitze, von denen es weltweit ähnlich viele wie Golfplätze gibt.
Er zeigt die nachteiligen Folgen, wenn Golfer den Individualismus
übertreiben.

Ein Tourist verreist mit seiner Frau nach Irland. Jeden Morgen
früh spielt er Golf, egal wie das Wetter ist. Doch einmal regnet es so
stark, dass er nach dem zweiten Loch abbricht, ins Hotel zurück-
kehrt. Seine Frau liegt immer noch im Bett.

»Schreckliches Wetter«, ruft er von der Türe her. »Ja«, sagt sie,
»und du glaubst es nicht, mein doofer Mann spielt trotzdem da
draußen Golf.«

Golf ist Gesetz

*Darf man einen Schläger wechseln, den ein
Spaziergänger verbog?*

Nehmen wir einmal an, wir spielen Golf zu zweit, und wir haben
beide einen Caddie dabei. Unterwegs trifft unser Golfpartner auf
einen Freund, der mit uns weiterzieht und unserem Golfpartner ein
paar Tipps gibt. Er hat also nun zwei Caddies dabei. Was passiert?

Bis 2004 wurde disqualifiziert, wer mit zwei Caddies über den
Golfplatz zog. Ab 2005 bekam man bei zwei Caddies zwei Straf-
schläge pro Loch, aber nur bei zwei Löchern, also maximal vier
Strafschläge.

Absurd? Es ist ein Beispiel, womit sich der Royal and Ancient
Golf Club of St. Andrews tagein, tagaus beschäftigt. In St. Andrews
legen sie die Regeln und Regelauslegungen für den Golfsport fest.
Das tun sie seit dem 14. Mai 1754, als hier »22 Noble- und Gent-
lemen« die Society of St. Andrews Golfers gründeten. Weil sich Golfer in Zweifelsfällen hier melden, ist das Regelbuch mittlerweile 200
Seiten dick.

Golf ist der einzige Sport, der so komplex ist, dass seine Regel-
bücher so dick wie Strafgesetzbücher sind. Das Strafgesetzbuch
regelt alle Problemfälle einer Gesellschaft – von Totschlag bis Dieb-
stahl. Das Rule Book aus St. Andrews regelt alle Problemfälle auf
dem Golfplatz – von toten Fröschen auf dem Platz bis zu Gewit-
tern.

Neben dem Royal and Ancient Golf Club of St. Andrews gibt
es eigentlich nur noch eine vergleichbare Instanz der letzten, finalen Regelauslegung. Das ist die Exegese im Vatikan. In der jung-
fräulichen Geburt, zum Vergleich, überschattete der Heilige Geist
virtuell Mutter Maria, wobei der menschliche Leib Jesu bekanntlich
dennoch nicht ex nihilo entstanden ist. Begriffen?

Ähnlich komplex sind die Fragestellungen in Schottlands ver-
gleichbarem Gremium. Ein Spaziergänger schlug beispielsweise mit
seinem Spazierstock auf einen Golfschläger ein, sodass sich der

Schlägerkopf verbog. Frage: Darf man den Schläger auswechseln? Nein, man darf den Schläger nicht auswechseln. Man darf dies erst, wenn er unter den Schlägen des Spaziergängers definitiv in zwei Teile zerbrochen ist.

Ok, machen wir einen kleinen Test.

1. Der Spieler hat geputtet, der Ball ist noch in Fahrt, da rennt ein Hund herbei, schnappt den Ball und lässt ihn nahe beim Loch wieder fallen. Wie spielt man weiter?

2. Der Spieler hat auf dem Fairway abgeschlagen, in der Luft schnappt ein Vogel den Ball, fliegt mit dem Ball im Schnabel zum Green und lässt ihn nahe beim Loch fallen. Wie spielt man weiter?

3. Ein Ball rollt ins Klubhaus. Der Spieler öffnet das Klubhaus-Fenster, weil er glaubt, es handle sich beim Fenster um ein bewegliches Hindernis. Darf er durch das Fenster nach draußen schlagen?

Antwort 1: Man muss den Putt wiederholen. Antwort 2: Man darf auf dem Green weiterspielen. Antwort 3: Man darf ohne Strafschlag durchs Fenster spielen.

Das witzige an solchen Interpretationen ist ja, dass es zuvor genau diese Vorkommnisse real gegeben hat. Sonst wäre die Regelkommission von St. Andrews nicht damit konfrontiert worden.

Neuerdings kann man auch für Sünden bestraft werden, die bisher als lässlich galten. Ein Spieler kann disqualifiziert werden, wenn er arg gegen die Etikette verstößt. Als arge Verstöße gegen die Etikette gelten: schweres Fluchen, Schläger zerbrechen, Mitspieler beschimpfen, Golfball runterschlucken, Ente mit Driver verprügeln, Schläger ins Wasser werfen, Mitspieler ins Wasser werfen.

Bauchmuskelzerrungen für höhere Weihen

Es gibt nichts Sinnloseres als Golfkurse.
Halma-Kurse machen hingegen Sinn.

Letzte Woche habe ich in der Provence einen Golfkurs absolviert. Der Golfkurs hatte den Effekt, den alle Golfkurse haben: Rückenschmerzen, Sehnenscheidenentzündung, Bänderdehnung, Muskelkater, Fingerquetschung, Nackenstauchung, Bauchmuskelzerrung, Hexenschuss.

Das waren eher kurzfristige Folgen. Selbstverständlich trat daneben auch der nachhaltigste und häufigste Effekt eines Golfkurses ein: Mein Golfspiel ist seitdem deutlich schlechter.

Ich weiß auch nicht recht, warum alle Golfer besser Golf spielen möchten, als sie spielen. Ich kenne keinen mittelmäßigen Halma-Spieler, der in Halma-Kurse geht, um besser Halma spielen zu lernen. Ich kenne keinen mittelmäßigen Autofahrer, der freiwillig Fahrstunden nimmt, um besser Auto fahren zu lernen. Ich kenne auch keinen mittelmäßigen Hobbygärtner der sich zu einem Lehrgang in Hobbygärtnerei eingeschrieben hat.

Halma-Spieler, Autofahrer und Hobbygärtner haben kein Problem, wenn sie mittelmäßig sind. Golfer schon.

Der dauernde Verbesserungsdrang der Golfer, so glaube ich, hat damit zu tun, dass gute Golfspieler schlechten Golfspielern mächtigen Eindruck machen. In anderen Sportarten und Leibesertüchtigungen ist das nicht der Fall. Wer gut Halma spielen, gut autofahren und gut gärtnern kann, wird nirgendwo großen Eindruck schinden.

Halma und Auto fahren sind unwichtig. Darum ist es egal, wenn man es nicht besonders gut kann. Unwichtiges nicht zu können, ist keine Schande. Und umgekehrt. Wenn einer erzählt, er habe im Halma gewonnen, weil er gleich vier Figuren auf einmal übersprungen habe, ist ihm eine gähnende Zuhörerrunde gewiss.

Golf aber ist wichtig. Wenn einer erzählt, er habe auf Handicap vier hinuntergespielt, dann gehen im Klubhaus alle Münder auf.

Das Golf-Style-Time-Event-Journal

Warum in aller Welt gibt es dermaßen viele Golfmagazine?

Es gibt das »Golfmagazin« und die »Golfzeitung« und »Destination Golf« und das »Golf Journal«, dann gibt es noch »Golf Regional« und »Golf aktuell«, die »Golfwelt« und das »Bavarian Golfmagazin« und »Golf Punk«. Fast vergessen hätten wir »Golftime« und »Golf Style« und das »Golfclub-Magazin« und etwa ein weiteres Dutzend deutscher Golfzeitschriften.

In der zehnmal kleineren Schweiz gibt es »Golf & Country« und das »Schweizer Golf Magazin« und »Drive« und »Golf Lifestyle«, dann gibt es noch »Golf Suisse« und »Golf Events«. Fast vergessen hätten wir »Golfers & Co« und »News in One« und sonst noch irgendwas. In Österreich ist es genauso.

Es gibt etwa 40 Golfzeitschriften für die 700 000 Golfer in Deutschland, Österreich und der Schweiz. Vielleicht sind es auch 700 061 deutschsprachige Golfer, wenn wir die exakt 61 Mitglieder des Golfverbandes Liechtenstein auch noch dazuzählen. Aber auch wenn wir großzügig rechnen, gibt es immer noch deutlich weniger Golfer als Tennisspieler. Für Tennisspieler gibt es im deutschsprachigen Raum gerade mal fünf Magazine.

Seltsamerweise sehen die 40 Golfblättchen auch noch fast identisch aus. Ein Rückblick aufs US-Masters, das längst vorbei ist, ein Porträt eines Topgolfers, der uns langweilt, zwei, drei Golfreiseziele, die wir schon kennen, und dazu eine Menge Tipps zum richtigen Stand und richtigen Schwung und richtigen Griff, die so neu auch nicht sind.

Golf hat eine der höchsten Zeitschriften-pro-Kopf-Rate aller Freizeitvergnügen, ungefähr gleichauf mit den Erotik-Magazinen. Die Leserschaften der Golfsportler und der Sexathleten scheinen damit die beiden beratungsintensivsten Hobby-Sportgruppen zu sein. Gemeinsam ist ihnen vor allem eines: Sie wollen immer wieder nachschauen, wie es geht.

Wären wir bösartig, würden wir sagen, dass beide Gruppen ihre Disziplinen so richtig toll beherrschen möchten, es aber irgendwie doch nie richtig hinbekommen.

Golfer sind von den beiden Gruppen darum die interessantere Spezies, weil sie glauben, das Ganze sei primär ein Materialproblem. Darum sind sie dauernd auf der Suche nach der ultimativen Lösung – noch größere Driver mit Köpfen wie ein Milchkessel oder noch breitere Eisen mit Sohlen wie eine Flunder.

Die Golfindustrie futtert deshalb 40 Golfhefte durch. Die Hefte können nur überleben, wenn sie an all die Inserate für Driver mit Köpfen wie Milchkessel und Eisen mit Sohlen wie eine Flunder herankommen. Mit der Hoffnung auf ihre schönen Anzeigen erscheinen fast jedes Jahr zwei, drei neue Zeitschriften, und wenn sie nicht gestorben sind so leben sie heute noch.

Vielleicht war unser Vergleich zwischen den Golfsportlern und den Sexathleten doch nicht ganz fair. Wenn es nach dem Studium der Fachliteratur nämlich dann richtig zur Sache geht, unterscheiden sich die Golfer in einem Punkt ganz deutlich von der anderen Gruppe.

Die Golfer zählen immer dabei.

Wir Babyboomer

Warum Golfspielen mehr mit Steuerhinterziehung als mit Fußball zu tun hat.

Franz Beckenbauer spielt viel. Ottmar Hitzfeld spielt viel. Bei David Beckham ist es nur noch eine Frage der Zeit, bis er viel spielt.

Fußballer werden Golfer. Das ist eine der wenigen zuverlässigen Prognosen, die man auf dieser Erde gefahrlos machen kann. Es gibt Hunderte von ehemaligen Spitzenfußballern, die sich vom großen zum kleinen Ball bewegten.

Es ist typisch für den Lebenszyklus unseres Sports. Fußball, wie auch Turnen oder Leichtathletik, betreibt man meist nur, so lange man jung an Jahren ist. Es gibt, wenn wir die Altersstruktur einer Sportart betrachten, im Schnitt viel mehr 25-jährige Fußballspieler im Fußball, 25-jährige Turner im Turnsport und 25-jährige Leichtathleten in der Leichtathletik als 25-jährige Golfer im Golf.

Dann, mit zunehmenden Altersringen, verlieren Fußball, Leichtathletik oder Kunstturnen allmählich ihren Reiz. Es gibt folgerichtig im Schnitt deutlich mehr 65-jährige Golfer als 65-jährige Fußballspieler, 65-jährige Turner und 65-jährige Leichtathleten. Kaum jemand beginnt erst mit 65 Fußball zu spielen oder in den Turnverein einzutreten.

Golf hingegen ist in Europa ein Sport, den viele erst im Alter erlernen. Es ist der einzige Sport, den viele erst im Alter erlernen, mit Ausnahme von wenigen anderen altersbedingten Sportarten wie Steuerhinterziehung und Zigarrenrauchen.

Dies macht Golf zu einem einzigartigen volkswirtschaftlichen Faktor. Die golferische Entwicklung des Individuums verläuft völlig parallel zu dessen finanziellem Fortkommen. Je älter und je vermögender man wird, desto anfälliger wird man für Golf. Das ist in keiner anderen Sportart so.

Darum ist die Golfbranche, das weltweite Angebot von Ausrüstung, Accessoires, Reisen und Service, mit weitem Vorsprung der wichtigste und umsatzstärkste Industriezweig im Aktivsport geworden. Adidas hat sehr gut daran getan, neben Fußballschuhen nun auch Golfschläger zu produzieren.

Wenn jeweils die neusten demographischen Zahlen erscheinen, legen die Politiker die Stirn in tiefe Falten. Die Bevölkerung wird immer älter, und es ist nur noch eine Frage der Zeit, bis die heutigen staatlichen Pensions- und Rentenkassen zusammengebrochen sind.

Die Manager der Golfindustrie brechen angesichts der gleichen Zahlen in lauten Jubel aus. Es wachsen immer mehr Leute heran, die erst im Alter Golf zu spielen beginnen. Babyboomer nennt man diese Generation, geboren nach dem Krieg und mittlerweile zwischen 40 und 60 Jahren alt. Die Golfindustrie liebt uns Boomer aus einem weiteren Grund. Ältere Spieler spielen zwar etwas seltener als junge, aber sie geben mehr Geld für Golf aus. Senioren machen in den USA 25 Prozent aller Golfspieler aus. Aber sie bestreiten 53 Prozent aller Golfausgaben.

Unser Rat deshalb an die 65-jährigen: Kaufen Sie sich eine richtig schöne Ausrüstung und zahlen Sie den Klubbeitrag gleich für zehn Jahre ein. Dann kann Ihnen egal sein, wenn etwas später die staatlichen Pensions- und Rentenkassen endgültig zusammenbrechen.

Patton und Eisenhower

Manchmal ist Golf doch ein bisschen wichtiger
als Weltkriege

In Europa war wieder einmal Weltkrieg, der zweite diesmal, und General George Patton marschierte im Frühjahr 1945 mit seiner 3. US Army in Böhmen ein. Das Pflichtenheft für Patton und seine Offiziere war klar: Die Nazis seien umgehend zu vernichten.

Patton und seinen Offizieren allerdings waren dieser europäische Weltkrieg, der zweite diesmal, und die umgehende Vernichtung der Nazis so wichtig nun auch wieder nicht. Sie trieben sich lieber die ganze Zeit auf dem Golfplatz von Marienbad herum.

Wir können Patton und seine Offiziere verstehen. Marienbad ist ein großartiger Golfplatz, einer der ältesten in Kontinentaleuropa, 18 Loch, sanft hügelige Parklandschaft, prächtiger alter Baumbestand, ein Klubhaus wie aus dem schottischen Bilderbuch, breite, faire Spielbahnen, 1905 eröffnet und durch den englischen König Eduard VII. persönlich eingeweiht.

Wir können Patton und seine Offiziere verstehen, wenngleich ihre Golfbegeisterung welthistorische Folgen hatte. Weil sie sich ausdauernd auf den Fairways und Greens von Marienbad herumtrieben, marschierte halt nicht ihre 3. US Army, sondern die russische Rote Armee im Mai 1945 als Erste in Prag ein. Die Tschechoslowakei wurde für 40 Jahre kommunistisch.

Na ja, als Golfer muss man sich eben manchmal zwischen dem Beruf und dem Hobby entscheiden. Klar, wie man sich im Normalfall entscheidet.

Heute sind Tschechen und die Slowaken ja nicht mehr kommunistisch und die Tschechinnen und Slowakinnen erst recht nicht. Als sie nach der Wende das Klubhaus von Marienbad restaurierten, fanden sie in den Garderoben und den Duschen massenhaft versteckte Kameras und versteckte Mikrofone. Die ehemalige Geheimpolizei hatte sie zur Bespitzelung der Diplomaten aus dem Westen eingebaut. Denn Golf gespielt wurde in Marienbad zu allen politischen Zeiten, von den Funktionären und vom Klassenfeind, dazu ist der Platz einfach zu gut.

Vielleicht ist unsere Darstellung von General Patton und seinen Offizieren aus historischer Sicht etwas verkürzt. Aus golferischer Sicht aber ist sie höchst plausibel.

Der Chef von Patton war Dwight Eisenhower, der Oberkommandierende der alliierten Streitkräfte. Die beiden Männer verband eine tiefe Freundschaft, ihre Familien verbrachten jeweils sogar die Sommerferien zusammen.

Wenn einer verstand, warum man einen schönen Golfnachmittag einem Truppeneinmarsch bei weitem vorziehen konnte, dann war es Eisenhower. Eisenhower war absolut golfverrückt. Er spielte gern während des Kriegs, und auch während seiner späteren Amtszeit als US-Präsident spielte er Golf in jeder verfügbaren Minute. Nach seinem Abtritt lebte er praktisch auf dem Golfplatz von Augusta.

Am 6. Februar 1968, im Alter von 78 Jahren, erlebte Eisenhower den Höhepunkt seines Lebens. Er schoss sein erstes Hole-in-One. Ein Jahr später starb er in Frieden.

Woods vs. Federer

Wer ist der größte Sportmann, der mit dem
Plastik- oder der mit dem Filzball?

Bei Roger Federers Sieg im US Open saß Tiger Woods in seiner Box. Dann besuchte Federer Woods bei der Mittwochs-Trainingsrunde vor dem CA Championship bei Miami. Woods nahm ihn mit auf den Fairway, obwohl ein PGA-Offizieller Einspruch erhob. »Ich bin sicher«, sagte Woods, »ich werde dafür eine Buße kriegen.«

Wir können also zuerst der Vermarktungsfirma IMG gratulieren, welche die beiden Sportler unter Vertrag hat. Da war ihr ein schöner PR-Effekt gelungen.

Und ein PR-Effekt mit nachhaltiger Wirkung. Denn seitdem debattiert die Sportwelt heftig über die Frage, wer auf diesem Planeten der größere Champion ist, Woods oder Federer. Man vergleicht zwar ein bisschen Golfäpfel mit Tennisbirnen, aber die Frage lässt sich beantworten.

Wir tun dies anhand von sechs Kriterien.

1. Fitness: Kein Zweifel, hier ist Federer hoch überlegen, auch wenn Woods zu den athletischsten Vertretern seiner Zunft gehört. Im Golfsport schaffen es auch ausgewachsene Fettkugeln wie John Daly (220 Pfund) oder Duffy Waldorf (225 Pfund) an die Spitze. Im Tennis sind die Burschen ausnahmslos durchtrainiert. Federer: 1 Punkt.

2. Konkurrenz: Wenn im Tennis die Nummer 25 der Welt ein Turnier gewinnt, ist das schon ein Außenseitersieg. Im Tennis besteht die Weltspitze aus etwa 20 Spielern. Im Golf sind es etwa 250 bis 300 Spieler, die ein großes Turnier gewinnen können. Weil der Wettbewerb intensiver ist, ist es im Golf auch viel schwieriger, längere Siegesserien hinzubekommen. Woods: 1 Punkt.

3. Preisgeld: Der Antrieb des Geldes ist in beiden Sportarten ähnlich. Für seinen Sieg im US Open bekam Roger Federer 1,2 Millionen Dollar. Für seinen Sieg im US Open bekam Tiger Woods 1,225 Millionen Dollar. Bei Sponsoring- und Werbeverträgen

macht Woods etwas mehr Geld, weil er im US-Markt besser verkauft werden kann. Federer: 1/2 Punkt. Woods: 1/2 Punkt.

4. Mentale Stärke: Im Tennis kann man sich ein Dutzend schlechte Schläge leisten. Dann verliert man den Satz, kann aber das Spiel noch gewinnen. Das passiert auch Federer des öfteren. Im Golf hingegen ist man mit einem Dutzend schlechter Schläge tot, denn jeder schlechte Schlag, etwa ins Rough oder in den Bunker, zieht automatisch einen noch schwierigeren Schlag nach sich. Woods: 1 Punkt.

5. Training: Außerhalb der Turniere trainieren Tennisprofis täglich drei bis fünf Stunden. Bei Golfprofis sind es täglich fünf bis acht Stunden. Das Tennistraining ist allerdings physisch anspruchsvoller, hier läuft man, während die Golfer bloß stehen. Vergleichbar ist bei Spitzenspielern auch der Aufwand im Kraftraum. Federer: 1/2 Punkt. Woods: 1/2 Punkt.

6. Komplexität: Tennis ist ein einfaches Spiel. Das Terrain ist immer gleich, der Zufall, außer bei Netzrollern, spielt eine geringe Rolle. Wenn es regnet, wird das Spiel abgebrochen. Im Golf ist die Komplexität deutlich höher. Es ändern sich die Verhältnisse jeden Tag, Faktoren wie Wind und Platzzustand sind mitentscheidend, und der Zufall spielt im Gelände eine riesige Rolle. Wenn es regnet, wird weitergespielt. Woods: 1 Punkt.

Die Bilanz ist klar, aber Federer kann sich trösten. Viele gute Tennisspieler wie Ivan Lendl, Jakob Hlasek und Boris Becker haben nach ihrer Karriere erfolgreich mit Golf begonnen. So besehen hat Federer das Beste noch vor sich.

Glauben an ein Wunder

Dj = 4p2J1/(T12-Tu2); Tu.
Endlich ist Golf einfach geworden.

Das Schöne an Golf ist, dass es eine außerordentlich einfache Sportart ist. Man nimmt einen Stock, haut damit auf einen Ball, und dann schaut man, wohin der Ball geflogen ist. Golf wird erst dann kompliziert, wenn man möchte, dass der Ball in eine bestimmte Richtung fliegt.

Doch nun ist die Erlösung nah. Die ersten waren Nike und Callaway, die diese rechteckige Driver auf den Markt gebracht haben. Dann folgten die anderen Marken nach. Nike SasQuatch Sumo2 hieß furchteinflößend die Premiere von Nike.

Warum ist man da bloß nicht früher draufgekommen? Denn mit den rechteckigen Schlägern fliegen die Bälle immer geradeaus. Immer nur geradeaus. Die rechteckige Schlagfläche führt zu einem deutlich höheren Trägheitsmoment. Die Formel dafür ist bekanntlich: Dj = 4p2J1/(T12-Tu2); Tu

Damit ist der Fall klar. Dj, das Trägheitsmoment, ist derart hoch, dass die Bälle gar nicht mehr krumm fliegen können. Der Ruf, der den rechteckigen Drivern vorauseilte, führte anfangs zu Staus vor den Pro-Shops. Denn die meisten hatten nur einen einzigen Probeschläger im Sortiment.

Das Interessante an uns Golfspielern kann ich auch an meinem Beispiel aufzeigen. Ich habe einen alten, kleinen Taylor-Made-Driver, mit dem ich von allen Drivern am besten treffe. Ich benutze ihn aber nie. Ich benutze einen dieser riesigen Kolben, die dieses Jahr auf den Markt gekommen sind. Ich treffe nicht richtig damit.

Ich weiß jetzt schon, dass ich nun bald eines dieser rechteckigen Dinger kaufen werde. Natürlich glaube ich nicht richtig daran. Aber Golfspieler leben davon, dass sie den Glauben an das große Wunder nie verlieren. Man weiß ja nie, vielleicht, möglicherweise, unter Umständen, es könnte ja sein.

Vielleicht heißt das Wunder Dj = 4p2J1/(T12-Tu2); Tu

SOS auf dem Fairway

*Scott Draper und meine zwei Freunde
wurden durch Golf gerettet.*

Die Meldung war kurz. Anfangs 2007 gewann der ehemalige Tennis-Profi Scott Draper, 32, sein erstes Profigolf-Turnier. Draper siegte im PGA-Turnier von Sydney mit 268 Schlägen, 20 unter Par.

Dahinter steckt eine der verrücktesten Geschichten im Golf.

Scott Draper gewann 1992 das Juniorenturnier von Wimbledon. Eine große Tenniskarriere stand bevor. Dann erkrankte er an „obsessive compulsive disorder" (OCD). Bei OCD handelt es sich um eines der übelsten psychischen Leiden, das zu Wahnvorstellungen und Zwangshandlungen führt. Bei Draper äußerte es sich in einem besessenen Kontrollwahn. Oft ging er drei Stunden im Zimmer auf und ab und fasste alle Dinge an, hob sie auf und legte sie wieder hin, manchmal vier-, fünfmal, um wirklich sicher zu sein, dass noch alles da war.

Draper überwand die Krankheit und war nach 1995 im Tennis wieder unter den Top 50 der Welt. Dann erkrankte seine Frau an zystischer Fibrose, einem unheilbaren Leiden der Verdauungsorgane. Draper verbrachte die Nächte im Spital bei ihr. Niemand wusste davon, am Tag kritisierte sein Coach den mangelnden Einsatz des übernächtigten Spielers.

1999 starb sie, und er stürzte in das schwärzeste Loch seines Lebens. »Er war nur noch ein Wrack«, beschrieb es sein Freund Jason Stoltenberg, ebenfalls ein früherer Tennisprofi. Zwei Jahre später schleppte Stoltenberg seinen Freund auf einen Golfplatz.

Draper lernte schnell. Golf war der perfekte Sport, um seinen potenziellen Kontrollwahn auszuleben. Je besser man kontrolliert im Golf, desto besser spielt man. Draper war extrem systematisch und detailversessen.

Er griff auch wieder zum Racket. 2005 spielte er am Morgen ein Golfturnier und am Nachmittag beim Australian Open im Mixed. Mit seiner Spielpartnerin Samantha Stosur gewann er zur völligen

Verblüffung der Fachwelt das Tennisturnier. Und 2007 gewann er sein erstes PGA-Golfturnier. Golf hat ihn gerettet.

Ich habe einen Freund, der arbeitete in der Generaldirektion einer Bank. Die Bank fusionierte, er musste gehen. Sein sozialer Status sank schnell. Er begann, Golf zu spielen, und das, sagte er mir einmal, habe ihn vor dem Absturz gerettet.

Ich hatte einen anderen Freund. Er war Journalist und hatte ein massives Alkoholproblem. Der Verfall schien unvermeidlich. Dann begann er, Golf zu spielen, und das, sagte er mir einmal, habe ihm das Leben gerettet.

Golf kann eine Therapie sein, die in schweren Situationen hilft. Klüger ist aber, es gar nicht zu dieser Situation kommen zu lassen. Gehen Sie also möglichst häufig auf den Golfplatz. Denn noch besser als Therapie ist Prävention.

Das Jahr wird schrecklich

Ein kleiner, süßer Seitensprung – und man büßt monatelang dafür.

Bisher habe ich in diesem Frühling fünfmal gegen meine Golfkollegen gespielt. Ich habe fünfmal verloren. Deutlich verloren, um ehrlich zu sein. Und genauso wird es weitergehen, die ganze schreckliche Saison lang.

Der Grund für die schreckliche Zukunft liegt ein paar Monate zurück. Im letzten Herbst widerfuhr mir jenes Schicksal, von dem mir andere Golfer schon erzählt hatten, das mir aber bis dato unbekannt geblieben war: das Schicksal des Gnadentags.

Einen Gnadentag erlebt der gewöhnliche Golfer nur wenige Male in seinem Golferleben. Gnadentage sind jene Runden, auf denen dem gewöhnlichen Golfer alles gelingt. Alle Drives sind bolzengerade, alle Annäherungen liegen auf dem Green, alle Putts fallen. Es ist, als ob man in einem Zaubertrank gebadet hätte.

In meinem Fall hatte ich das besondere Pech, dass mich der Gnadentag bei einem Turnier ereilte. Meine Drives waren bolzengerade, die Annäherungen auf dem Green, alle Putts fielen.

Strafverschärfend kam in meinem Fall hinzu, dass zusätzlich zu all meinen mirakulösen Drives und Putts auch noch drei Chips vom Vorgrün direkt zum Birdie ins Loch purzelten. Kurzum, ich beendete das Turnier mit einer Score jenseits meiner Vorstellungskraft. Mein Handicap sauste in die Tiefe wie ein Stein im Wasser.

Seitdem habe ich ein Handicap, das ich nicht spielen kann, und ich habe folgerichtig jedes Mal verloren, wenn ich spielte. Und so wird es weitergehen, die ganze Saison lang. Schrecklich!

Ich frage mich, warum ich an meinem Gnadentag nicht etwas mehr Vernunft angenommen habe. Ich hätte ja, als ich es kommen sah, auf den letzten paar Löchern die Bälle vorsätzlich vorbeihauen und vorbeischieben können.

Natürlich wird das kein Golfer jemals tun. Wenn der Gnadentag eintritt, dann wird er es auskosten bis zum letzten Moment »The sweetness of the moment«, sagen die Engländer dazu. Die Süße des Augenblicks macht blind für das, was kommen wird. In meinem Fall ist es ein zu tiefes Handicap und vor mir eine schreckliche Saison der Niederlagen.

Für Nichtgolfer kann man das so erklären: Der Gnadentag auf dem Golfplatz ist wie ein Seitensprung, bei dem man erwischt wird. Erst eine kurze Süße des Augenblicks. Und dann büßt man monatelang dafür.

Golf ist, wenn man trotzdem lacht

Das unverhoffte Hoch eines Amateurgolfers auf einer Runde mit Ernie Els.

Ein Amateur-Golfer, so geht eine bewährte Anekdote, bekommt eine seltene Chance. Er darf eine Runde mit einem der weltbesten Golfprofis spielen. Der Amateur spielt schlecht und sucht deshalb nach einer Erklärung: »Was mache ich falsch?«, fragt er den Profi.

»Das ist ganz einfach«, sagt der, »Sie stehen zu nahe beim Ball – nachdem Sie ihn geschlagen haben.«

Es gibt eine Menge Stories über Golf-Amateure, die sich blamieren. Aber nicht jeder hat die Chance, selber einen weiteren Witz in die Sammlung beizusteuern. Ich schon, denn ich spielte kürzlich beim European Masters mit Ernie Els im Pro-Am-Turnier. Jeweils ein Berufsgolfer tritt bei diesem Modus mit einem Team von drei Amateuren an. Els, der Südafrikaner, gehört zu den Besten der Welt.

Wir stehen also am 1. Loch und ich bin reichlich nervös. Doch wie der Zufall so spielt, gelingt mir ausnahmsweise ein wirklich toller Abschlag, so um die 230 Meter dürften es schon gewesen sein.

»Great shot«, sagt Els.

»Thank you, Ernie«, sage ich.

»Ok«, sagt Ernie, »aber bei so einem Schlag würde mich schon interessieren, wann du das letzte Mal im Büro warst?«

Die Frage ist leider schnell beantwortet. Mein zweiter Schlag biegt ziemlich brüsk ab nach links ins Gebüsch.

Dass ich mit Els spielen würde, hatte sich in meiner Umgebung schnell herumgesprochen. Natürlich hatte ich auch ein bisschen dafür gesorgt, dass es sich herumspricht und Einladungen oder Geschäftstermine mit einer bescheiden-beiläufigen Begründung abgesagt: »Geht leider nicht, weil ich noch kurz eine Runde Golf mit Ernie Els spielen muss.«

Die Reaktion darauf war vorhersehbar: »Haha«, höhnten die Golfkollegen, »höchste Zeit, dass dir mal ein Profi beibringt, wie du im Wald deine Bälle wiederfindest.«

Das Interessante an der Geschichte war dann, dass ich wirklich gut spielte an jenem Tag. Und ich denke, das hatte viel damit zu tun, dass ein wirklich guter Golfspieler mit mir auf der Runde war.

Wenn wir unter Freunden spielen, ist Golf ja meist eine unselige Serie von Missgeschicken: hier ein Drive krachend im Wald, da ein Ball platschend im Wasser. Jeder tröstet sich an den Peinlichkeiten der anderen, was soll's, ist die Devise, um die Ecke wartet im Klubhaus sowieso das Weizenbier.

Wenn Ernie Els auf einem Par 5 den ersten Abschlag 300 Meter hinausdrischt und dann mit dem Dreier-Eisen 200 Meter übers Wasser aufs Green schlägt und dann, nach Els, der Nummer 3 der Welt, dann kommt Zimmermann, die geschätzte Nummer 8 529 584 der Welt, ja, was ist dann?

Ich glaube, dann signalisiert das Hirn von Zimmermann an die Muskulatur von Zimmermann, dass man sich in einer Ausnahmesituation befindet, nicht beim Weizenbier, sondern quasi in Champagnerlaune. Und dann tun eben die Muskeln unverhofft, wie ihnen vom Hirn geheißen. Unverhofft und ausnahmsweise.

Damit dies nun nicht zu abgehoben tönt, schnell eine Relativierung. Der niedere Instinkt des normalen Golfers, so kann ich gerne bestätigen, wird auch bei einer Runde mit Ernie nicht gänzlich erodiert.

Am 10. Loch steht Els nach dem komplett misslungenen ersten Schlag mitten in einer Zwergtanne und schlägt aus dieser Lage dann einen komplett misslungenen Chip seitwärts ins hohe Kraut. In diesem Moment kann sich die Nummer 8 529 584 der Welt einer ganz kurzen, fast nicht wahrnehmbaren Schadenfreude nicht erwehren.

2,6 Millionen Kilometer mit einem Eisen 6

Wenn ein Mensch etwas Einzigartiges erlebt,
dann schlägt er ab.

Den berühmtesten Golfschlag der Weltgeschichte erlebten wir auf dem Mond.

Am 6. Februar 1971 verließ US-Astronaut Alan Shepard die Raumkapsel Apollo 14 und betrat die Mondoberfläche. In der Tasche hatte er zwei Golfbälle, dazu ein Eisen 6. Er griff das Eisen, doch wegen des dicken Raumanzugs musste er einhändig schlagen. Den ersten Ball verfehlte er, »zuviel Boden erwischt«, wie er kommentierte. Mit dem zweiten Schlag rollte der Ball ein bis zwei Meter.

Der dritte Schlag war ein Volltreffer. Der Ball, so jubelte Shepard, flog »miles and miles and miles«.

35 Jahre später schlug der russische Kosmonaut Mikhail Tyurin von einer kleinen Plattform der Internationalen Raumstation ISS den Ball in die Weiten des Alls. Er nahm ebenfalls ein Eisen 6. Tyurin fand seinen Schlag »exzellent«, doch in Wahrheit war es ein Slice. Dennoch: Der Ball umkreise 48 Mal die Erde, bevor er in der Atmosphäre verglühte. Es war der längste Schlag aller Zeiten, etwa 2,6 Millionen Kilometer.

Ich habe noch nie davon gehört, dass ein Astronaut oder ein Kosmonaut einen Tischtennisschläger und einen Tischtennisball mit auf ihre Weltraummission genommen hätten. Sie nehmen auch keine Queues und keine Billardkugeln mit, auch keine Baseball-schläger und Baseballbälle.

Warum tun sie es nicht? Weil es nichts Besonderes ist.

Golf hingegen ist offenbar etwas Besonderes. Golf ist so etwas wie eine zivilisatorische Wegmarke. Mit Golf drückt man einer unbekannten Situation einen speziellen Stempel auf. Es ist eine Art Einweihung. Wenn Golfbälle über den Mond und durchs All schie-ßen, dann dokumentieren diese Golfbälle, dass man den Mond und das All zivilisatorisch eröffnet hat. Man hat sie nicht nur geogra-phisch sondern auch kulturell erobert.

Das mag nun etwas pathetisch tönen, aber ich kann mir gut vor-stellen, dass David Livingstone, wäre er Golfer gewesen, im Jahr 1855 einen Golfball in die von ihm entdeckten Viktoriafälle hin-ausgeschlagen hätte. Und wäre Edmund Hillary Golfspieler gewe-sen, gut denkbar, dass er 1953 einen Golfball vom erstmals bestie-genen Mount Everest hinuntergedroschen hätte.

Richtig machte es der tschechische Bergsteiger Vladimir Mysik. Im Juli 1977 schlug er von der Spitze des Gasherbrum I ab, 8068 Meter über dem Meeresspiegel. Und Tiger Woods knallte 2004 den Ball vom Helikopterlandeplatz des 321 Meter hohen Burj Al Arab Hotel in Dubai weit hinaus ins Rote Meer. Gasherbrum I und Burj Al Arab waren damit zivilisatorisch eröffnet und kulturell erobert.

Vor wenigen Wochen bin ich mit meiner Frau in eine neue Wohnung gezogen. Das Beste an der Wohnung ist die große Terrasse mit schönem Blick auf die zu Füßen liegende Stadt und den See. Nach dem Einzug machten wir zur Einweihung eine House Warming Party. Gegen zwei Uhr morgens kamen ein paar der Gäste auf die Idee, auf der Terrasse ein paar Bälle aufzuteen und sie hinunter auf die Stadt zu schlagen. Das taten wir dann, und es waren einige sehr schöne Drives darunter. Damit war die Wohnung quasi zivilisatorisch eröffnet und kulturell erobert.

Sie vermuten nun, unsere Idee hatte weniger mit der Zivilisation als vielmehr mit einer Flüssigkeit zu tun, die man unter der chemischen Formel C_2H_5OH kennt.

Na ja, da haben Sie auch wieder recht.